JN043562

はじめてママ＆パパの
イヤイヤ期 1・2・3才 の育児

監修：宮里暁美
お茶の水女子大学特任教授
文京区立お茶の水女子大学
こども園 運営アドバイザー

主婦の友社

プロローグ ママやパパと違う「自分」と出会うため

総監修 お茶の水女子大学特任教授
文京区立お茶の水女子大学こども園
運営アドバイザー
宮里暁美

イヤイヤ期は "やりたいやりたい期" 「自分」ができてくる成長の過渡期

やさしく話しかけられて育った子は、おだやかな話し方を好むようになります。いつもせかされている子どもは、友だちに厳しい言い方をします。だれかと比較されている子どもは、自分に自信がもてずに、自分の素敵さにも確信がもてません。

困ったことがあったら頼れる人がいると感じて育った子は、困ったことを切り抜ける力を備え、自分がうれしいときに、そのことを同じように喜んでもらえる体験をした子は、ほかの人の喜びを自分のことのように喜ぶことができます。**子は親の鏡。親がしていることを、子どもは本当によく見ている**ものです。

1才半から3才ぐらいまでの「イヤイヤ期」と呼ばれる時期は、成長にともない、その気持ちのあらわし方や葛藤の中で、「イヤイヤ」という状態があらわれます。程度の違いはありますが、自分というものができてくる時期にはどの子にも出てくるものです。でもこれは**「イヤイヤ」というよりは、自分でできる、自分でやりたい、そんな「やりたいやりたい期」**ともいえます。

乳幼児期は人格形成の基礎を培う大切な時期。それは**「安心や安全、安定」**から出発していきます。「イヤイヤ」という自分のどうしようもない気持ちをあらわして過ごしていたときに、辛抱強く、かつ追い詰めない感じで、つかず離れず伴走してくれた「親の記憶」は、子どもに大事な記憶として残っていきます。

「自分は自分のままで大丈夫なんだ」と、安心感をもちながら、子どもはいろいろなことに興味をもち、とり組むようになります。**親もときには自分にやさしく、自分にも「大丈夫」と声をかけ、あまり思い悩まずに、うれしい子育てへ**と舵を切っていきましょう。

「安心できる人・もの・場」を支えにして外に出ていく時期

安心の基盤が意欲を支え子どもを成長させる

1・2才のころは、**運動機能がしだいに発達して、身体機能もととのってきます**。指先の機能も発達し、食事や衣類の着脱も周囲の大人の援助があれば自分でできるようになります。発声も明瞭になり、言葉の数もふえて、**自分の意思や欲求を言葉で表現**できるようにもなります。自分の気持ちを出し始めて、それを**主張という形ではっきり出し始めるのがこの時期**です。

この時期のこういった子どもの状況は、**安心できる人やもの、場があるからこそ出てくる**ものです。安心の基盤がじゅうぶんにあり、そしてどんなことがあってもまたここに戻ってこられるという安心感の中で、子どもは育ち、自分を確立していきます。この**安心こそが、自分の意思や欲求を外に出し、いろいろなことをやってみようという、子どもの意欲の支え**になっているのです。

イヤイヤが出ないといっても安心できる場がないわけではない

なかにはイヤイヤ期があまりあらわれない子もいます。だからといって、その子に安心の基盤がないというわけではありません。たとえば子どもが何かに手を伸ばしたときに、「あ、これやりたいのね」などとその子の気持ちを受けとめていると、そんなに激しいイヤイヤがあらわれない場合もありますので心配しないでください。

一方で、親がイヤイヤをプラスにとらえられず、子どもが不愉快な感情を出すことをきらって、「これを見せておけばおとなしくしている」と早めに好きなものを与えることで、イヤイヤの状況を回避している場合があるかもしれません。しかし、**むしゃくしゃした気持ちというのは人間ならばだれにでもあるもの。それを出ないように回避する対応は、子どもにとってプラスにはなりません**。

激しくイヤイヤ言われると、親も子もストレスが高まって大変ですが、**子どもが成長していくうえでは必要な過程**ととらえ、**前もって大人が状況を整理してしまわないことも大切**です。

「やりたい」と「やってほしい」、気持ちのゆらゆらが「イヤ！」となる

できること、やりたいことが親の都合とぶつかったときにイヤイヤ発動

1才を過ぎるとできることがどんどんふえてきます。できることはうれしいのですが、これまでなんでもやってくれていた親に、「自分でできるでしょ」と言われてしまうと、**昔のようにやさしくなくなってしまった、自分がもう愛されなくなったのではないか、子どもはそんな危機感を味わいます**。この勘違いから、**安心の基盤が揺らぎ、「イヤ！」という気持ちが表出**します。自分でできるけれどいまじゃない、いまはママにやってもらいたい、そんな複雑な気持ちになっているのです。

成長とともに興味も広がり、やってみたい気持ちもふえてきます。1才半を過ぎると、やることの範囲がどんどん広がり危ない場面もふえてきます。そうすると親は行動を止めたり、ものをとり上げたりして子どもの行動にストップをかけざるをえません。ストップをかけることに正しさがあるとはいえ、子どもからしたら不快きわまりなく、ここからもイヤイヤは表出します。さらには、**いろいろな不快が入りまじって、もうわけがわからないけれど、とにかくイヤという複合型イヤイヤ**に陥ることもあります。

イヤイヤの出し方の強弱は子どもによって違いますが、この時期の子どもはイヤイヤの気持ちになりがちな面をもっていると理解しておくと、子どもの気持ちに寄り添いやすくなるでしょう。

イヤイヤ発動！ 3つの理由

「できる」ことがふえてくる

「できたね！」と周囲の大人に喜ばれてうれしい体験をする半面、「やらされる」のにはとまどう。

心と体の準備ができていないときには不安になり、「イヤ！」という気持ちをしぐさや表情、言葉であらわす。

「やってみたい」ことがふえてくる

周りにあるものはどれも興味深くて、手を伸ばして、持って、たたいて、振って、そのものを感じようとする。

周囲の大人に余裕がないときは「それはダメ」と言われたり、とり上げられたりすることが出てくることから、「イヤ！」と強く不快感をあらわす。

心と体の不快感が重なる

体の不快感や複雑な感情が重なり、自分自身もこんがらがってしまう複合型イヤイヤ。

本能のままに動きたい体と、「ダメ」と制限されることが重なる1～2才の時期。自分でコントロールできないいら立ちで「イヤ！」が強くなる。

早く解決しようと急がずに
まずは子どもの気持ちを受けとめて

理屈で解決しようとしないで
気分を変えるきっかけを

「さっきあなたはこう言ったじゃない」「いつも言ってるのにどうして」……、ついついこんな言葉が出がちです。でも、イヤイヤ状態を理屈で解決しようとするとなかなかうまくいきません。

　親は子どもの頭の中を整理してあげようと思って話しているのですが、**理論で追い詰めても子どもの心はどんどんかたくなになるばかり**です。

　子どもの、そうしないではいられない心もちを、まずは受けとめてあげましょう。"あなたの気持ちはわかっているよ"というメッセージを出し続けることが、子どもの中に、**自分はひとりじゃない、自分をわかっていてくれる人がいる、そんな心の根っこを育みます。**

　子どものイヤイヤに対して、深刻になったり、直球勝負みたいに向き合うと、親も子もよけいヒートアップしていってしまいます。

　いざというときの親の怖い顔や真剣な顔は、子どもが育つうえで大事です。でも、子どもが安心できて、自分は愛されていると実感するのは親のやさしい笑顔。**それがお風呂でも、寝る前でも、わが子とのいちばん楽しい時間だなと思える瞬間があれば、あとはもやもやしたり大変だったりしても、子どもの中に愛された記憶は残る**でしょう。

"イヤイヤ"受けとめ3カ条

① まず子どもの気持ちを受けとめる

「どうしてもイヤになっちゃったのね」と、子どもの心もちを受けとめる。

② 早く切り抜けようと急がない

「○○がイヤなら、○○はどう」など矢つぎばやに提案して、早くこの場をおさめようと急がないこと。

③ 2つか3つの、選択肢を出す

いくつか選択肢を出すと気分を変える糸口が見つかることがあります。

わが子の行動 "困った！" と思ったことが…

イヤイヤ期っ子のママならば、どれも深くうなずきたくなる"困った！"行動。
日常のあちらにもこちらにも、子どものイヤイヤがいっぱい。
ママがおだやかな気持ちで日々を過ごせるようになるのはいつ……？

ある 100%

"困った！" TOP3

> 時間はかかるし、手を出すとカンシャク起こすし……

1位 なんでも「自分で！」
48／100(人)

2位 「ダメ！」と言うと泣きわめく
41／100(人)

> いけないことをどう伝えればいいの？

3位 食事のマナーが悪すぎる
35／100(人)

> しからずに、食事を楽しめるようになる日は遠い……

まだまだある "困った！"

走る！ 飛び降りる！ 危なくて 目が離せない
`32/100(人)`

待ちんしゃい ピー

元気に大きくなって ほしいのに……

あ〜、出かけるのが ユーウツになる……

まったくもう、 ハラハラしっぱなし……

偏食や小食が ひどくて心配
`31/100(人)`

ドタ バタ

友だちのものを 横取りする、 たたく、かみつく
`14/100(人)`

夜11時でも 目がパッチリで 生活リズムが乱れまくり
`20/100(人)`

電車やスーパーで 走り回って 肩身が狭い
`26/100(人)`

いつになったら なかよく遊べるように なるの？

あしたも仕事で 朝が早いのに……

激しい自己主張や 大泣き、カンシャクは この時期の自然な 発達段階です

「なんでも『自分でやる！』とゆずらない」「親の『ダメ！』に徹底抗戦」「『やめなさい』『イヤー！』『じゃ、やりなさい』『イヤー！』……、勝手にしなさいと怒るとギャン泣き」……、毎日同じことでイヤイヤされて、ぐったりしているママも多いのでは？　でも、イヤイヤ期っ子のこうした行動は、ママを困らせようとしてやって

いるわけではありません。すべては発達の一過程です。この時期の子どもは、激しい自己主張や感覚表現をしながら、少しずつ「自分と他人との距離感」や「社会的に許される範囲」を学んでいきます。こうした行動をやめさせようとするのではなく、じょうずにいなしながら乗り切っていくことが大切です。

わが子のツボを探ろう！
イヤイヤ期っ子への
◢あの手この手◣

自己主張は発達の大事なプロセス。「ダメ！」の一点張りではなく、
さまざまな方法を使って乗り切りましょう。
「こうすれば全部うまくいく」という正解はありません。
よりよい解決策を求めてあれこれ試すのが一番です。

NPO法人こどもと未来
-おひさまでたよ-理事長
土谷みち子

根気よくつきあう

ときには本人が納得するまでつきあって。「もう1回」が止まらない場合は、「あと3回ね」と予告して終わりに。「必ずつきあわなくちゃ」と思わず、気持ちに余裕があるときに。

親の声かけ

人前で「自分で」攻撃が始まると、「一刻も早くやめさせなくちゃ」とあせります。でも、怒れば怒るほどますます泣いて周囲の迷惑に。まずは周囲に「ご迷惑をおかけします」と言葉をかけて。子どもへの対応はそのあとで。

体で止める

危険なこと、人に迷惑をかけるときには、その瞬間に体を張って止めましょう。理由を説明するより、やさしく抱き止めて「絶対にダメ！」と短くきっぱり言うほうが伝わります。

失敗をさせる

どんなに「できる」と言っても、実力が伴わないので、失敗することが多いもの。あえて手は出さずに失敗させましょう。子どもは「できないけど、やりたい。どうしよう」と考えるようになります。失敗しても、「がんばったね」と認めることで挑戦力がつきます。

かかえて帰る

混雑する駅の改札で「自分でカードをタッチする！」と言われても、やらせるわけにはいきません。気持ちを抑えられないときには、泣き叫ぶ子どもをかかえて帰るのもやむをえません。恥ずかしいだろうけれど、がんばって！

予告する

タイムリミットがあるときは、15分前に「もうすぐおしまい」と伝え、その後は数分おきに「もう終わりだよ」と3回ほど予告。制限時間の5分前には「おしまいだよ」と撤収します。

事情を話す

共感する力がついてくるので、「ここは人が多いから、公園でやろう」などと代案を示すと納得することも。本当に困ったら「ママ、おなかが痛いから早く帰りたいんだ」と、多少演技をするのもアリ。

仕上げは子どもに

さりげなくヘルプを。たとえばボタンはママがボタン穴を広げて後ろからさし込み、子どもに引っぱらせます。1割しか自分でできなくても、「できたね！」と励まします。

いっしょに練習する

「やりたい！」をぶっつけ本番でやらせると混乱のもとなので、親に気持ちの余裕があるときにいっしょに練習タイムを持ちましょう。スパルタではなく、楽しい雰囲気で。

どんな方法が効くのかは子どもによっても違うので、反応をしっかり見ましょう。「こう言うとますます怒る」など、個性に応じたかかわり方がわかってきます。子どもがカンシャクを起こしたときに、気持ちを代弁してあげることも大切。「やりたかったね」「イヤだったね」と言ってあげると、子どもはごちゃごちゃな気持ちが整理されてきます。子どもの気持ちが落ち着くのを待って、「ママ〈パパ〉は〇〇ちゃんのこと大好きだよ」と伝えることも、子どもが安心する言葉かけです。

PART 3

朝は明るく、夜は暗く

睡眠で生活のリズムをととのえる

あせらず始める
トイレトレーニング

神経質になりすぎず、ゆったりかまえて

PART 4

よい生活習慣を身につける

忙しい毎日のなかでできることから

PART 5

PART 6

こんなとき、どうする？ に答えます

1〜3才でかかる病気とケア

イヤイヤ期の始まりから卒業まで

心と体はこう発達します

心と体が大きく発達していくイヤイヤ期は、個人差も大きいので、あせらず卒業まで見守っていきましょう。

	運動	言葉	生活	社会性
1才半 イヤイヤ前期	階段を上る / 小走りする	パパ、ママのほか3語くらい話す / 「手は?」と聞くと手を指さす / 2語文が出てくる	スプーンやフォークが使える / 洋服を脱ぐ / 靴をはく	ごっこ遊びをする / 簡単な手伝いをする
2才 イヤイヤの盛り	両足でぴょんぴょん跳ぶ / 片足立ちをする	自分の名前を言う / 赤、青、黄色などがわかる	おしっこの予告ができる / うがいをする	親から離れて遊ぶ / 自己主張が激しくなる
3才 イヤイヤ卒業へ	ハサミを使う / 三輪車をこぐ	友だちと会話する	おはしを使う	友だちと遊ぶのが楽しくなる / 順番を待つことができる

14

知っておきたい子どもの変化
心と体が大きく成長する時期

1〜3才は、赤ちゃんから子どもへと
目覚ましく成長する時期。
しっかり立って歩く、会話ができる、
ひとりで食事をできるようになる。
たのもしい変化の一方で、自己主張をして
その子らしさがあらわれる時期でもあります。

発達

イヤイヤが始まりピークに
1才半〜2才半はこんな時期

16-19ページ

お茶の水女子大学特任教授
文京区立お茶の水女子大学
こども園運営アドバイザー
宮里暁美

歩けるようになり、言葉も獲得。
「自分」を発見し自己主張が始まる

イヤイヤ!

自分で、自分で!

- 言葉が出始め、2語文が言えるように。

- 「おいしい」「きれい」などの感想が言える。

- 鉄棒などにぶら下がる。

- クレヨンを持ってグルグル描く。

- 歩く姿が安定し、小走りもする。

- 階段を上り下りする。

- ボールを前にける。

- 両足でぴょんぴょん跳ぶ。

- おしっこの予告ができるようになる。

- 「自分で!」という自己主張が激しい。

- 簡単なことなら「〜して」と言うと理解してできる。

- 「手は?」と聞かれると手を指させる。

- スプーンやフォークがじょうずに使えるようになり、ひとりで食べることができる。

- 手を洗ったり、ふいたりできる。

- 簡単なお手伝いをしてくれる。

- 親から離れて遊べる。

- ごっこ遊びをする。

やりたいのにできないこともあって
自分でもパニック、イライラが爆発

脳が劇的に発達し、成長の目覚ましいこの時期。それまでは自分の体も他人の体も区別がついていなかった赤ちゃんは、**1才半を過ぎたころから「ぼくはぼく、親とは違う」と気づき「自分」を発見**します。

運動能力も高まり、自分でできることがふえてうれしくてたまりません。でも、実際にはできないことがまだまだたくさん。それで大人からは「ダメ」と止められてしまうのですが、子どもは「ダメ」の理由がよくわからず、自分でやりたいと交渉する言語能力も未熟です。結局、「泣くこと」でしか応戦できず、大人からは「わがまま」と見られてしまいます。

でも**これこそが「自我」の芽生え。自分の足で人生を歩き始める最初の一歩**です。しぐさやおしゃべりには、まだ赤ちゃんらしさも残るかわいい盛りでもありますが、親の言いなりに動くのを拒否することがふえ、激しい自己主張が始まります。「恐怖の2才児（テリブル・ツー）」といわれるこの時期。**「この子はいま"自分"をつくっているのだ」と理解**してあげましょう。

運動 （体を動かす）

とにかく本能のままに
動き回りたい

歩き方は安定し、小走りや飛び跳ねることも可能に。ものを投げたり、いすからジャンプしたり、「ダメ」と止めてもくり返すのは、「足や腕の筋肉を発達させるために体を動かせ」と脳が命じている時期だから。**自由に動けるよう、できるだけ外に連れ出し、体を使って遊ばせて。**

（気持ちを伝える） 言葉

大人の言葉を理解、
3語文を話すように

2才代の前半くらいまでは、ボキャブラリーの個人差が大きいもの。言葉があまり出ないようでも、大人の話に態度でこたえて理解しているようであれば心配ありません。2才半ごろからは「パパ、来た」という2語文から「ママ、ごはん、食べた」という3語文へと進みます。

サポートすれば
できることがふえる

手先の動かし方、体の使い方がじょうずになって、靴をはいたり、服を脱いだりできるように。でも、うまくできずカンシャクを起こすこともあります。扱いやすい道具や、環境をととのえるなど、**できるだけ「自分でやりたい」気持ちをくんでサポート**してあげましょう。

少しずつママやパパから離れて
遊べるように

見知らぬ人や場所になじみにくく、ママやパパが一番という子も多いですが、**同世代の子が気になり始め、遊ぶ姿をチラチラ見たり、まねしたりします。**みんな「自分がやる」の自己主張時期なので、ものの奪い合いは日常茶飯事。乱暴な行動は止めつつ見守ってあげましょう。

生活 （生きるテクニック）

（ほかの人との関係） 社会性

イヤイヤ卒業ももうすぐ！
2才半〜3才はこんな時期

できることがどんどんふえて
ルールや決まりも理解するように

見て、見て！

〇〇ちゃんと遊んでいい？

- 自分の名前や、パパ、ママの名前が言える。
- 同じくらいの年の子と会話ができる。
- 見本を見て真っすぐな線や丸がかける。
- 四角形が描けるようになる。
- ハサミで紙が切れる。
- おはしが使える。
- 立ったままでくるっと回る。
- 片足立ちができるようになる。
- 靴をひとりではける。
- 三輪車がこげるようになる。

- 大きい・小さいなど差異がわかる。
- 赤、青、黄色などの色がわかる。
- 男の子、女の子の区別がわかる。
- 3個くらいまで数えられる。
- うがいができる。
- 鼻をかめる。
- お風呂で体や顔を洗うことが、ある程度できる。
- ケンカすると言いつけにくる。
- おままごとの役を演じられる。
- 友だちと遊ぶのが楽しくなり、順番を待つことができる。
- 「〜していい？」と許可を求める。

会話もスムーズになり、自信もついてきて ママもちょっと一息つける

3才になるころには言葉の数がグンとふえ、大人との会話もある程度できるようになります。意思が通じやすくなってくると、激しいイヤイヤはやや沈静。その分**自己主張がより強くなり、受け入れられないと大泣き**することも。それでも「3才になったらずいぶんラクになった」と感じるママが多いようです。

実はこの「ラクになった」は、親子関係の基礎工事が終了したサイン。発達心理学の専門用語では**「愛着関係」**の完成といいます。愛着関係とは**「この人は自分を大事にしてくれる」という揺るぎない信頼関係**。人は親子の愛着関係を土台として他者とかかわっていくので、これが不安定だと人を信頼したり受け入れたりするのがむずかしい大人になることもあります。

もし4才が近づいてもイヤイヤ期が終わらないと感じるなら、**「愛着関係が築けているかな」とふり返り、かかわり方を見直す**必要があるかもしれません。3才までは子育てでもっとも大変な時期のひとつ。その**「大変な時期」**こそが**「大切な時期」**なのです。

運動 （体を動かす）

手先の複雑な動きも可能に

歩く、走る、投げるといった基本的な動作はほぼ完成します。三輪車をこぐ、片足ケンケン、でんぐり返しなどの動きも大好き。手先も器用になり、ハサミを使ったり、積み木で家を作ったりもします。**さまざまな遊びを日常的に体験して、体の動かし方を学んでいきます。**

（気持ちを伝える） 言葉

ボキャブラリーがグンとふえる

話せる言葉は1000語ほどにふえ、色の名前や、「大きい・小さい」などの差異をあらわす言葉、「あした」「あとで」など時制に関する言葉も使えるように。知的好奇心が高まって「なんで?」としつこく聞いたり、願望と事実がごっちゃになって「ウソ」をついたりもします。

できるけど、甘えたい気分のときも

ひとりでできることはふえていきますが、「手伝ってほしい」気分のときもまだあります。「できるでしょ」と突き放さず、サポートしてあげましょう。**親からの「ありがとう」の言葉が自信につながるので、お手伝いをどんどんしてもらい、「できた」をふやしていきましょう。**

生活 （生きるテクニック）

ルールを守って友だちと遊べるように

3才を過ぎると、集団で活動することが楽しくなる時期に。最初はモジモジしていても、しだいに友だちと遊ぶことが楽しくなり**「大好きなお友だち」**もでき始めます。また、「決まりを守ったほうが楽しい」ということがわかってきて、**順番を待つこともできるようになっていきます。**

（ほかの人との関係） 社会性

イヤイヤ期は心が健康に成長した証し

20-23ページ

大妻女子大学家政学部
専任講師
久保健太

人を信頼できるようになったからこそ自分でやりたい気持ちが育まれる

じゅうぶんに甘えた子の中に「基本的信頼の感覚」が開花する

子どもは**乳児期という人生の第1期**に、**「泣いたり、呼んだりしたら、人はそれに応答してくれる」という、人を信頼する感覚を開花**させます。これを**"基本的信頼の感覚"**と呼んでいますが、この感覚は、じゅうぶんに甘えることを経験してはじめて生まれるものです。

信頼する気持ちが育つと、母親から離れても、戻りたくなったらいつでも戻ってこられるという安心感が生まれ、安心して離れることができるようになります。

基本的信頼の感覚は、2才、3才と成長していくと、「貸しても、返してと言えば、返してくれる」「ゆずっても、やりたいと言えば、自分の番がくる」「困っても、助けてと言えば、助けてもらえる」など、さまざまな感覚へと育っていきます。

安心を土台にしてイヤイヤ期が始まる

基本的信頼の感覚が培われると、これを土台にして、次のステップである**「自分のことは自分で決めたい」という気持ちが開花**してきます。この自律性が開花する第2期が、よくいわれる"イヤイヤ期"です。

1才ぐらいになると、「自分で！」という欲求が出始めるとともに、「見てて、見てて！」という言葉も出るようになります。この時期の子どもは、「自分で決めたい」と「人の期待にこたえたい」という気持ちがせめぎ合っているのです。ですから、第2期には子どもに**「期待を伝える（大人からお願いする）」ことが大事**になってきます。

子どものイヤイヤが激しいと、いままで甘やかしてしまったからこんなふうになったのではと悩む母親がいますが、その必要はありません。イヤイヤ期に入ったということは、子どもが信頼の感覚を開花させ、心がちゃんと成長している証拠。ですから、**「甘やかしたからこそ、安心してこの子は自分のことを自分で決めるステージに上がった」**と、これまでの自分の子育てをほめてあげるといいでしょう。

	第1期	第2期	第3期	第4期
学童期 IV				勤勉性 対 劣等感　有能感
遊戯期 III			自主性 対 罪の意識　目的	
幼児期初期 II		自律性 対 恥、疑惑		
乳児期 I	基本的信頼 対 基本的不信　希望			

（出所）Erikson1982:56-57＝1989:73より作成

左の表はアメリカの発達心理学者エリク・H・エリクソンが提唱した発達段階論の一部です。年齢の目安として第1期は0～17カ月、第2期は18カ月～3才、第3期は3～5才といわれています。ほかに青年期、前成人期、成人期、老年期と生涯を8つに分類し、それぞれの時期でどのような葛藤（せめぎ合い）が盛んになるかを説明しました。

第1期

基本的信頼を育む時期

自分は応答してもらえるんだという、人を信頼する感覚がわかるようになる。この時期、信頼の感覚と不信がせめぎ合い、不信が勝つと次のステージでイヤイヤを言わなくなることもある。

大丈夫よ、ママはあなたの望みにこたえようとするよ

第2期

自己決定をする時期

基本的信頼が開花して、自分の体が動かせるようになってくると、「自分のことは自分で決めたい」という気持ちがあらわれてくる。**自律性と、恥（他者の視線）がせめぎ合う時期**。他者の視線は期待でもあり、人の期待にこたえたいという感覚も芽生える。

自分で！

第3期

「時間的見通し」を共有するようになる時期

これまでは目の前で起きていることに引っぱられがちだったものが、第3期に入ると**全体を見通せるようになり、順番をつくる、約束をする、役割を分担するなどができるようになる**。自分の失敗したことが罪悪感となり、これが勝ってしまうと、自分でやろうとする気持ちが妨げられる。

ごはんが終わったら遊ぼうね

イヤイヤ期の子どもの心もちを察する

手を耳にして、子どもの「ひびきを聴く」

頭で理解するのではなく
体で察することが大事

卒業式のときに、「うれしい」と「さびしい」がまじり合った複雑な気持ちを経験したことがあることでしょう。「楽しさ」「うれしさ」「つらさ」「悲しさ」など、いつだって人の気持ちはいろいろとまざり合い、ひびき合っています。子どもだって同じです。その**気持ちのまじり合いをまるごと聞いてあげること、それが"心もちを察すること"**です。

大人は子どもの気持ちを理解したいと思うあまり、「悲しい」と本人が言っているのに、「本当は楽しいでしょ」などと、気持ちを1つにくくりたがる傾向があります。でも、子どもの「心もちを察すること」と、「心理を理解すること」は違います。大切なのは、子どもの気持ちをごちゃまぜのまま、ひびき合ったまま、そのひびきをいっしょに聴いてあげること。**"心理を理解する"のではなく、心のひびきを聴いて"心もちを察する"ことを優先させる**とよいでしょう。

子どもの体にふれていると、自然と相手の「心もち」が伝わってくることがあります。まずは子どもの体に手を当てて、ひびきを聴いてみましょう。**ふれられるだけで、子どものほうも、自分の気持ちが伝わった（理解された）という感覚を得ます。さらに、ふれるときに「やりたかったんだね」「さみしかったんだね」などの言葉を添えてあげる**と、自分が相手に「理解された」という感覚はより深まるでしょう。

子どもの気持ちに応じて
接し方を変える

「自分のことは自分で決めたい」。そんな自己決定の欲求が盛んになったとはいえ、イヤイヤ期の子どもは、いつも一人前に扱ってほしいわけではありません。赤ちゃんのときのように甘えたいときと、一人前扱いしてほしいときがまじり合っているのがこの時期です。

いま、子どもは甘えたいのか、期待してほしいのか、どっちの気持ちなのかを親は見抜いて、それに応じた声かけをすることが大切です。

イヤイヤ期の子どもへの接し方ポイント

前向きな言葉かけを

"出したら出しっぱなし"、そんなときには、「出したらしまってほしい」という**前向きな期待を伝えましょう**。「出さないで」という「後ろ向きな禁止」よりも、前向きの言葉が大切。

上の子ならではの気持ちを察する

生まれた順番で、さびしさやがまんの度合いは違うもの。上の子には、「**ありがとう**」「**助かるよ**」**といった声かけをして、一人前扱いされたい気持ちを察していることを伝えて**。ただし、ときには、「おりこうさんでも、そうでなくても、ちゃんとそばにいるよ」「おりこうさんにしなくてもいいからね」と、甘えられる安心感を与えることも必要です。

イヤイヤが激しいタイプは、音が消える場所へ

もともと情動が激しいタイプがいます。また、試し行動（どんな自分でも、おりこうさんにしていなくても、ちゃんとそばにいてくれることを確かめたい）で安心したいといったこともあるでしょう。また、「**自分で決めたい気持ち**」が満たされていないときに、「**期待にこたえたい気持ち**」があと回しになって激しくイヤイヤが出ることもあります。

自分の声で自分がさらに興奮してしまうことを避けるために、激しいイヤイヤのときには、**自然に囲まれた「音の消える場所」に連れ出す**のがおすすめ。だっこして外に出て風に当たるだけでも、**ボルテージを下げるのに効果的**です。

親自身の心のケアも

大人になっても、イヤイヤ期の子どもと同じように、「自分のことは自分で決めたい気持ち」と、「身近な人の期待にこたえたい気持ち。視線が気になる気持ち」があります。でも、子育て中は、いつも**「期待にこたえる、視線にこたえる」ほうを優先してしまい、いっぱいいっぱいになってしまう**ことも。

親にも、24時間の中で、「この時間だけは、自分のことを、思う存分自分で決めます！」という時間が必要です。たまには子どもをパートナーや祖父母に預けて、自分の好きなように時間の使い方を決めて過ごす時間をもてるように工夫してみましょう。

楽しい時間を共有しよう
親子のふれ合い遊び

24-29ページ
NPO法人ふれあいの家
おばちゃんち子育て広場
私市和子

イヤイヤ期こそ親子の時間を大切に。ギュッとして笑い合う遊びの時間を

外に出かけて発見をいっしょに楽しもう

外には子どもの興味をひくものがたくさん！　ひとりで歩けるようになったら積極的に散歩に出かけましょう。**自分で歩く世界は、ベビーカーや自転車に乗って見る世界とは違います。**子どもが探索する姿を見守り、立ち止まった**子どもの目線の先にあるものをいっしょに見て「なんだろう」「きれいだね」と共感し、「葉っぱだね」「アリさんだね」などと言葉にしてあげる**といいですね。

段差を見つければ上ったり下りたり、砂利道や坂道を歩いたり、子どもは好奇心いっぱいに動きます。ほかに遊んでいる子どもを見つけたらじっと見て「まねしてみたい」と思い、そのときは見ているだけでも、次に出かけたときにはそれを覚えていて同じように遊びだすこともあります。**子どもが自らさまざまなものを見つける外では、共感して遊ぶことも比較的スムーズ。**いっしょに楽しむ時間がつくれることでしょう。

遊びの引き出しをふやして家の中でも子どもと楽しむ

外とは違い、家の中では、子どもと何をして遊べばいいかわからない、つらいというパパやママは多いものです。意外にも子どもはおもちゃでは遊ばず、好奇心から引き出しや扉をあけたり、カーペットをはがしてみたりとママから見るといたずらばかりします。注意することがふえ、注意ばかりする自分を責めてしまうママもいるでしょう。

子どもはその日によって、また時間帯によって、大人とくっつきたい、体を動かしたい、いっしょに遊んでほしい、ひとりで遊びたいといろいろな気持ちになるものです。子どもとの遊びの引き出しをふやし、子どもの**そのときの気持ちを大事にしながら、見守ったり、いっしょに遊んで「楽しいね」と笑って共感できたりするといい**ですね。

PART
1

遊びの引き出し1

わらべうたで遊ぶ

大好きな人と目を合わせる、くっつく、だかれる、ふれてもらう、人のあたたかさを肌で感じることが大切な経験になる1〜2才にぴったりの遊び。3才でも楽しめます。最後にギュッと抱きしめてあげるのがおすすめです。

大きくなれば大人とくっつくこともイヤがるようになります。喜んでくっついてきてくれるこの時期は貴重。たくさんふれ合って遊びましょう。大人が笑顔を見せると、子どもも笑顔になっていくものです。ただし、**イヤイヤ言っているときは無理に遊ばないことも大切です。**

♪一本橋こちょこちょ

一本橋こちょこちょ

（手のひらを指一本でこちょこちょする）

たたいてつまんで

（やさしくたたいてつまむ）

階段上って

（人さし指と中指で歩くように、 手のひらから肩まで上っていく）

こちょこちょ

（わきの下や体をくすぐる）

くすぐられるという単純な遊びが子どもは大好き。最後にくすぐられるのがわかっていても期待して待っています。

階段上ってのところのスピードを速くしたり、遅くしたり、また、肩まで上ったら「すべっちゃった！」とすべり落ちてやり直すなどアレンジを。

♪おすわりやす　いすどっせ

大人のひざをいすにして、子どもをすわらせてリズミカルに動かしましょう。

おすわりやす　いすどっせ　あんまりのったら　こけまっせ

（ひざを歌に合わせて上下に動かす。以下この部分は同様に）

ドデ　よいしょ

（右に倒れ、たて直す）

おすわりやす　いすどっせ　あんまりのったら　こけまっせ
ドデ　よいしょ

（左に倒れ、たて直す）

おすわりやす　いすどっせ　あんまりのったら　落ちまっせ
ドボン

（足の間に落とす）

おすわりやす　いすどっせ　あんまりのったら　飛びまっせ
ビューン

（子どもの両わきを持って高く持ち上げる）

ビューン！

ドデ！

ドボン！

地方によって詩やリズムが違うわらべうた。ママのリズムで歌ったり、子どもの名前を入れた替え歌にしたりして楽しんで。

体を使って遊ぶ

家の中でも体を動かして気分転換を。ただし、体を動かす遊びは、食後は避けて。イヤイヤしていて機嫌が悪いときや、体調が悪いときに無理にするのもやめましょう。

● シーツを使って

シーツや大判のタオルケットなど、大きな布を使って遊んでみましょう。上下に大きく振って、下を通らせるだけでも楽しい遊びに。

ゆらゆら揺らす

パパとママが協力してシーツを持って、左右にゆっくりゆらゆら揺らしましょう。

くるまって隠れる

子どもはかくれんぼが好き。いっしょにくるまってかくれんぼ。

はじめはママが布団にくるまって隠れてみて。それから「いっしょに隠れちゃお」と子どもも中に入れていっしょにかくれんぼ。ギュッとくっついて小声で話して。

パパ、見つけられるかな…

● ペンギン歩き

よちよちペンギンさん、よちよち〇〇ちゃん

大人の両足の甲上に子どもの足をのせて、いっしょに歩きます。しっかり歩けるようになった子どもに。

「よちよちペンギンさん」などと口ずさみながら、ペンギンやアヒルになったつもりでゆっくりと子どものペースに合わせて歩く。オリジナルの節回しで楽しんで。

● ブランコ遊び

子どもの両わきを支えて少し持ち上げ、前後にゆっくり揺らします。
子どもは前向きでも後ろ向きでもOK。2、3才だったら大人は肩幅より少し広く足を開き、子どもの両わきに腕を通して、子どもの胸の前や背中で手を組んで支えると大きな揺れも楽しめます。

子どもの表情をよく見て、怖がっているようならすぐやめること。「ブーランコ、ブーランコ」と言って揺らし、「お空に飛んでいけ」「ビューン」と大きく揺らすなど節や強弱をつけて。

●飛行機やちょうちょになる

大人があおむけになって子どもを足の上にのせて持ち上げる、パパに活躍してほしい遊びです。

スネの上にのせる

安定しているので、小さい子でも安心です。子どもが不安そうなら持ち上げて下ろすだけのくり返しに。

> 飛行機が飛ぶぞブ〜ン!!

楽しんでいそうなら、胸の上まで持ち上げて。「飛行機ブーン」や「ちょうちょひらひら」と声をかけ、最後は「パパ（ママ）のところに飛んできな」と言って、顔を近づけ抱きしめて。

2〜3才だったら足の裏にのせて

子ども自身がバランスを保って飛行機ブーン。高さは子どもの様子を見て加減する。

> すごいな高いな〜

> 大きな飛行機と小さな飛行機が飛びまーす

大人がうつぶせになり、子どもを上にのせて同じポーズで飛行機ブーンも楽しい。

大人も体を伸ばそう

パパやママは自分の体をいたわることも大切。たくさん遊んで疲れたら、体を伸ばしほぐしましょう。そしてそのときには自分の好きな音楽をかけるのがおすすめです。子ども中心の生活だと、聞くのはいつも子どもの好きな曲になりがち。ストレス解消のためにも、たまには自分の好きな音楽をかけてストレッチをしたり、体を動かしたりして。大人が楽しそうに動くのを見て、子どももまねをしてくるはずです。

段ボール箱で遊ぶ

子どもは段ボール箱でよく遊びます。子どもがひとり入れる程度の高さの低い段ボール箱は使いやすいので、とっておくといいでしょう。段ボールの断面で手を切らないよう、遊ばせる前に断面をテープなどでおおっておきましょう。

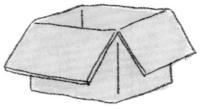

●ひもをつけて

引っぱって遊ぶ。荷物を入れて、荷物運びのお手伝い遊びにも。

役に立つことは子どもにとってうれしいこと。「宅配便屋さん、お父さんのところに運んでください。お願いします」などと声をかけて荷物を運んでもらってもいい。

ポリ袋を広げて入れるとゴミ収集車ごっこもできる。ゴミを箱に入れてもらって。

●ひっくり返して

歌に合わせて手でたたいたり、新聞紙を丸めたバチでたたいたり。

ペットボトルにお米やどんぐりなどを入れたマラカスを使い、親子いっしょにリズムをとるとより楽しい。

●穴をあけて

丸い穴をあけると、子どもは何も言わなくても穴をのぞいたり、ものを出し入れし始めます。

いろいろなものを用意して、この大きさのものは通る、これは通らないを試して遊んで。

これは
どうかなー

くりぬいた○も遊び道具に。車のハンドル、お皿、お面などさまざまに見立ててみて。

つもりの世界で遊ぶ

人形は小さな子どもにとって自分が経験したことや自分の気持ちを映し出すものです。子どもが人形で遊んでいたら、何をしているのか感じているのかそっと見守って、タイミングをみて声をかけていっしょに遊んでみましょう。

●ハンカチで

ハンカチを使ってのつもり遊びは、お出かけのときにも役立ちます。

うさぎを作る

2つの角を
合わせる。

途中を結ぶ。

形をととのえたらでき上がり。結び目に指を入れてお人形遊びを。

バナナを作る

広げて4つの角を
中心で合わせる。

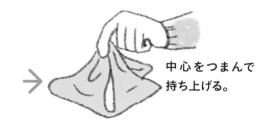

中心をつまんで
持ち上げる。

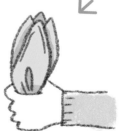

伸ばして下のほうを
持ったらでき上がり。

角を下におろし、
むいて食べるまねを。

1才のころは大人といっしょに遊ぶことを楽しむ人形遊びも、2〜3才になると自分の世界で想像をふくらませるため、つもりの世界を壊さないことが大切。声をかけるときは、大人も人形を持ち、「こんにちは」「何してるの?」などと言って、人形になってその世界に入るのがおすすめ。子どもから出た言葉には「そうなのね」と共感を。

生活のすべてが遊びに

子どもにとっては、生活の中で行うことすべてが遊びになります。たとえば、2〜3才児ならラップを使っておにぎりを作るのも楽しい遊び。興味があるようなら、挑戦させてみましょう。ギュッギュといっしょに作って楽しめば、いつもより食がすすむかもしれません。

声かけ

きっぱりダメ！と言うのは この3つの場面

30-33ページ

臨床心理士
植松紀子

ダメダメ言ってばかりは効果なし。 ポイントをしぼって注意を

「ダメなことはしからないと、わがままになるのでは？」と不安になるのが親心です。その結果、「ダメなこと」が多くなりすぎ一日中しかりっぱなしということも……。

きっぱりダメと言うのは、案外少なく3つだけ。**しょっちゅうガミガミ言っていると、子どもは言われていることの重みを感じません。**3才を過ぎると少しずつ社会性が身につき、4〜5才になれば周囲に合わせてがまんもできるようになってきます。**「ここは絶対に守る！」ということ以外は目をつぶることで、してはいけないことが意味をもつのです。**

また、静かにするべき場所には連れていかない、だだをこねたら気をそらすなど、しかる場面になることをできるだけ回避する工夫も必要です。**回避を続けたからといってわがままにはなりません。**

きっぱりダメ！と言う3つの場面

① **危険なことを したとき**

② **人を傷つけることを したとき**

③ **人に迷惑を かけたとき**

声かけの ポイント

短い言葉で きっぱりと

「なんでアナタは……」とクドクドとしかったり、「かくかくしかじかで……」と説明したりは不要。ダメなものは「ダメ」でじゅうぶんです。

確実に やめさせる

遠くから注意してやめさせたつもりにならないで、目を合わせて確実にやめさせます。

その場で、 すぐに注意

即座に「ダメ」と注意します。ついさっきのことも忘れてしまうのが2〜3才児。時間がたってから注意しても、何も伝わりません。

ダメ！ ① 危険なことをしたとき

　小さい子は**何が危険かわかっていませんから、そのつど「ダメ！」と教えます。** 道路を歩くときには大人と手をつなぐ、熱いものにはさわらない、ハサミを振り回さない、おはしを持ってウロウロしないなど、危険を避けるために教えたいことはたくさんあります。そのたびに何度でもしっかりと言い聞かせましょう。

　一方で、高いところに上ろうとするなど、自分の力を試したい気持ちからくる行動はむやみに制止せず、**いつでも助けられる態勢をととのえながら見守ることも必要**です。親があわてて「危ない！」などとよけいな声をかけて騒ぐと、子どもの集中力が切れてしまい、かえってケガをしやすくなります。

予防と対処法

外遊びをじゅうぶんにさせる

子どもには、筋肉を鍛える時期があります。ぱっと走り出したり、高いところに上りたがるのも体が「トレーニングせよ」と命じているのかも。こういう子にはまず、外遊びをじゅうぶんにさせることが大切です。

「しないでね」と予告する

直前に「駐車場では走っていいのかな？」と聞いてみて、「ダメだよ」と子どもが答えたら「そうだよ。手をつないで歩こう」と言って、子どもにも「わかった」と言わせます。走る子を追いかけると、はしゃいで止まるどころかますます走るので逆効果です。

止めるときには「抱きとめる」

駐車場で走り出すなど、危険な行動を止めるときには、「ダメ」と後ろからぎゅっと抱きとめましょう。体が密着し、親の気持ちが伝わりやすくなります。しっかり抱きとめ「危ないよ」と注意します。人に暴力をふるいそうになったときもこの方法で制止を。

ぎゅっと
抱きとめて
体を密着！

ダメ！ 2 人を傷つけることをしたとき

だれかの心に傷をつけるのも、体に傷をつけるのも、**「絶対にダメ！」**と教えなくてはいけません。「おまえなんか死んじゃえ」と相手に向かってひどいことを言ったり、相手の顔に砂を投げつけたりするような行為は、必ずやめさせましょう。

この時期は言葉でかなわないと、すぐに手が出たり、かみついたりすることがありますが、遊んでいるそばで見守りながら、**手が出そうになったら「ダメ！」と言って体で子どもを抱きとめて。** そして「口で言おうね」と伝えましょう。これを続けるうちにしだいに自分の気持ちを言葉で伝えられるようにもなり、こうした行為も落ち着いてくるでしょう。

予防と対処法

ごく近くで見守りいっしょに遊ぶ

2、3才の子どもは、まだ自分の気持ちをうまく言葉であらわすことができません。たとえば自分が使っていたものをとられたとき、「返して」と言えればよいのですが、とっさに、たたいたり、かみついたりすることがあります。子ども同士の相性により、手が出やすい関係性が一時的に生じている場合もあります。友だちと遊ぶ様子を見ていて、何か起こりそうだと思ったら、大人が間に入って止めましょう。手が出る前に止められるとよいですね。もしも行動にうつしてしまったら、すぐに止めて、「たたいてはダメ」「かむのはダメ」ときっぱり、短い言葉で伝えましょう。友だちをかんでしまうような時期は、成長にしたがい長くは続きません。この時期は、大人がごく近くで見守って未然に防ぐ対応をしたいものです。とり合いでどうしてもけんかになっ

てしまうような時期は、大人もいっしょに遊ぶ、年上のお姉さん、お兄さんと遊ぶなど、遊び相手を変えることもよいでしょう。異年齢の子どもと遊ぶ楽しさを味わえる時期でもあるので、年長の子には「いっしょに遊んでね」と声をかけて仲間に入れてもらいましょう。

Q 止めるときにたたいてしまうことがあります。危険なことを止めるにはしかたのないこともあるのでは？

A たたくのは全面禁止！必ずエスカレートします

「軽くたたく程度」と思っているかもしれませんが、体罰は必ずエスカレートします。最初は驚きと痛みで言うことを聞いていた子どもも、しだいに痛みに慣れ、同じことをくり返します。必然的に親はもっと強くたたくことになり、たたかれた子は「問題の解決に暴力は有効」と学びます。手が出そうなときは後ろからの「抱きとめる」作戦を（31ページ参照）！

ダメ！ ③ 人に迷惑をかけたとき

　人の多い場所でむやみに走ってはいけない、お金を払う前にお店の食品を食べてはいけない、病院で大声を出してはいけないなど、**社会の基本的なルールは、そのつどしっかり教えたいもの。**もし守れない場合には、「やっちゃダメ！」と強く言って止めます。奇声を発するなど、場合によってはいったんその場を立ち去ることも必要です。「もうしない」と子どもが約束できたら、また戻るようにしましょう。

　社会のルールは、3才前後になっていれば少しずつでも理解できます。そのころからぜひとも教えるべき必要なしつけです。

予防と対処法

家庭でもルールづくりを

家庭がいちばん小さい社会です。日ごろから「電話しているときには静かにしてね」「あいさつをしようね」などの会話があり、守ると「できたね、ありがとう」と言われている子は、公共のマナーもよく守る傾向があります。周囲を思いやって自制する経験を、家庭でも少しずつ積ませましょう。

気分転換グッズ＋ママ、パパとの遊び

公共の場で子どもをおとなしくさせておくには、グッズの準備が必須。それに加え、「ママやパパが、たっぷり遊んでくれる」と、感じることでがまんがしやすくなります。スマホやタブレットを見せることもあるでしょう。でも長時間見せられると目も心も疲弊し、よけいに興奮するかもしれません。できるかぎり短時間にとどめて。子どもの気持ちが安定するのはママやパパにかまってもらっているときです。静かにできる遊びをいろいろ考えてみましょう。

「約束→守れたら感謝」をくり返す

外出の前に、「大きな声を出さない」「走らない」などと約束をしておき、守れたら感謝（ほめる）をくり返しましょう。「静かにしてくれてありがとう」と途中でも声をかけると、がんばる気持ちが生まれます。約束するときは「うん」「わかった」と本人に言わせること。「うん」と言ったことは守るという体験を積ませます。

Q 周囲の目を気にして
必要以上にしかってしまうことがあります

A しかる基準は常に同じに。
公共の場ではまず周囲に謝って

「ちゃんとしつけてます」アピールのためにしかるのは避けましょう。しかる基準は常に同じであることが大切です。公共の場で子どもがカンシャクを起こしたときは、「イヤイヤまっ盛りの時期なので」とまずは周囲に謝ります。そのうえで、子どもの気持ちをおさめる工夫を。

イヤイヤ期の乗り切り方
おうち＆お出かけ編

おうち編

「あっ!!」と大声を出して気をそらす

「私の『あっ!!』の声で息子の泣き声が小さくなったところで『何か聞こえる。ワンワンかな?』などと言いながら窓をあけると、泣いていたことを忘れてしまうことが!」
1才9カ月（男の子）

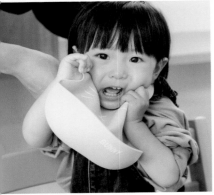

外に行きたくて泣く

レインコートを着て外へ!

「一日中家にいると、外に出たくて大泣き! 雨などの天候不良でも、一度外に出れば落ち着くので、短時間外に出るほうが結果ラク!」
3才1カ月（男の子）

毎日エレベーターの下までお見送り

「パパが出社するのがさみしくて、毎朝ぐずる娘。一度、マンションのエントランスでお見送りしたのがうれしかったようで、いまや日課になりました。パジャマ＆ノーメイクなので、知人に会うかと毎朝ヒヤヒヤしますが、笑顔の娘が見られてうれしい♪」
1才11カ月（女の子）

とにかくだっこを強要

だっこできない理由をきちんと話す

「『ママ、手がベタベタで、いまだっこしたら○○くんが汚くなっちゃうから』など、できない理由をこまかく話すと納得してくれることも」
2才（男の子）

質問をしながら時間稼ぎ

「家事などをしていてだっこができないときは、何回だっこする? だっこでどこに行く?など、質問しながら家事をすませ、あとでゆっくりだっこします」
2才5カ月（女の子）

お食事エプロンを拒否

汚れてもいいロンTを使用

「エプロンがきらいなので、家でのごはんには、ワンサイズ大きい新幹線の柄のTシャツをエプロンがわりに着させています」
2才9カ月（男の子）

好きなキャラクターのエプロン

「アンパンマンのエプロンを見せて、『アンパンマンもいっしょに食べたいって』と言うとつけてくれることが多いです」
1才10カ月（女の子）

好き嫌いが多い

初めてのものは少し強引に口へIN

「食わずぎらいをよくするので、口の中に押し込むように入れると"意外とおいしいじゃん"って感じで食べることがあります」
2才3カ月（男の子）

少し期間をおいてまた食卓に出してみる

「以前はパクパク食べていたものも、飽きてしまったのか食べなくなることが。忘れたころに出すと、また食べるようになります」
2才6カ月（女の子）

「かわいい♥」と ホメまくる！

「最近、ドレスなどに興味が出てきたので『かわいい♡ プリンセスみたい♡』と言うと、かなりノリ気で着替えます」
2才10カ月(女の子)

2択にすると どちらか選んで着る

「『着替えて〜』の声かけは拒否だけど、『こっちとこっち、どっち着る?』と聞くと選んで着てくれるので、毎日2パターン準備」
2才8カ月(女の子)

洋服を 着替えてくれない

ママと競争、よ〜いドン！

「遊んでばかりで着替えてくれないときは、『どっちが早いかな〜。よ〜いどん!』と言って競争します。私は自分も着替えながら娘のサポートもするので、もちろん娘が勝つのですが『負けちゃうよ〜』と、ちょっとオーバーぎみに言うとノリノリに」
1才10カ月(女の子)

お風呂に入りたがらない

手作りバスボムで シュワシュワ〜♪

「重曹やクエン酸などで意外と簡単に手作りできるバスボム。お湯に入れるとシュワシュワするのが楽しいのか、息子が"入る!"と言います」
1才10カ月(男の子)

お風呂だけで遊ぶ お気に入りのおもちゃ

「お風呂に浮かせて泳がせるペンギンのおもちゃがお気に入り。お風呂に入ったときだけ遊ぶことができるので、見守りつつ、遊んでいる間に急いで自分の体を洗います」
2才3カ月(女の子)

靴を自分で はきたい＆脱ぎたい

片方をはいている間に もう片方をはかせる

「鼻息を荒くしながら必死に靴をはく息子。もう片方を私にはかせられているとは気づかず、『できた!』と満足げなところがかわいい♪」
2才3カ月(男の子)

自分ではける タイプの靴に

「ニューバランスは、はき口が広く面ファスナーの着脱もしやすく、2才児でも自分で着脱ができるので助かっています」
2才9カ月(女の子)

片づけをしない

ざっくり収納BOXを作る

「3才の子どもでも『入れるだけ』のポイポイ収納ができる大きなカゴをリビングに設置。ひとまずそこに片づけて、余裕があるときに私がこまかい仕分けをします」
3才(男の子)

お片づけの歌を歌う

「保育園でかかっている、お片づけ〜お片づけ〜♪という歌を聞いて、片づけてほしいときはその歌を口ずさみます」
2才5カ月(男の子)

おもちゃが話しているふりをする

「ちょっと声色を変えて『おうちに帰りたいよ〜』と泣いてみると、『連れてってあげるね』と言いながら少しだけ片づけてくれます」
2才4カ月(女の子)

歯みがきをしない

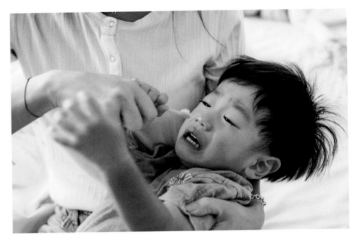

「お口の中にバイキンがいるー！」と言う

「アンパンマンの影響か、"バイキン"という言葉に過剰に反応する娘（笑）。ちょっと口の中が見えたときにすかさず『バイキンがいる』と言うと、自分で歯ブラシを持ってきます」
2才1カ月（女の子）

だれにみがいてほしいか選ばせる

「『パパとママ、どっちにみがいてほしい？』と聞くと、わりとスムーズにできることも。イヤなときは、寝転んで泣くこともあって手こずります……」
2才3カ月（女の子）

「歯医者さんイヤでしょ？」で納得

「卒乳できない＆歯みがきも断固拒否の息子は、ついにほとんどの歯がむし歯に！　歯医者での治療がよほどイヤだったようで、"歯医者"というワードを出すとすなおに応じます」
2才2カ月（男の子）

人形を使い、すきを見てホールド！

「お気に入りの人形に歯みがきをするふりをすると、興味をもって近づいてくるので、そのすきを見てホールドし、ササッとすませます」
1才11カ月（男の子）

寝息を立てながら本気の寝たふり

「寝たふりだと見破られることもあるので、寝息を立てて、本気で寝るモードに。そうすると10分ほどで娘もあきらめて寝ます。でも、私が寝落ちする確率もかなり高めなのが悩みどころ（笑）」
2才10カ月（女の子）

寝るのをいやがる

パパと夜のドライブへ

「卒乳がきっかけで寝るのをイヤがるようになったので、泣き始めたら私よりパパといるほうが納得いく様子の娘。イヤイヤがひどいときは、パパとドライブをしたり、夜散歩をしています」
1才6カ月（女の子）

毎晩同じセリフを言うのがルール

「絵本を読み聞かせたあと、"ママは○○ちゃんが大好きだよ。ずっといっしょだよ"と同じセリフを毎晩リピート。このセリフを聞いたら寝るというのが習慣になりました」
2才2カ月（女の子）

寝たら強くなれる！

「仮面ライダーにあこがれている息子は、とにかく強くなることが夢！　『早く寝ると強くなれるんだよ』と言うと、急いで目を閉じます（笑）」
2才7カ月（男の子）

奇声を発する

親が静かに話す

「私が静かな声でゆっくり話すことで、ずっと奇声を出していた娘が、ピタッと静かに。これはいい！と、そのとき以来使っている方法」
2才3カ月（女の子）

動物の話を出すと静かに

「動物好きな息子は『お隣のワンワン起きちゃう』など動物を例に出すと『シーッ』と言い、奇声を出すのをやめます」
2才9カ月（男の子）

お出かけ 編

道で大の字に!

とりあえずその場から退散

「自分でも何がなんだかわからなくなっている状況なので、とりあえず環境を変えるため、違う場所に移して、車や動物など、興味のありそうな対象物を探します」
1才10カ月(男の子)

無理やり寝かしつける

「道で寝っ転がってしまい泣き叫ぶようなときは、眠くてしかたがないときが多いので、いやがってもだっこひもに入れて、心を無にしてたて揺れしながら寝かしつけ(笑)」
2才3カ月(女の子)

動画を撮影!

「道端で泣いているところを動画で撮っておいて、あとから見せるととてもいやそうな顔に。その後、また泣いたのでスマホを出すと、『やめて!』とわれに返りました」
2才10カ月(女の子)

スーパーで行方不明になる

小さいカゴを持ってママ気分!

「子ども用の小さいカゴを持って「みっちゃんはりんごお願い」と言うと、カゴの中のものを落とさないよう、走らず普通に歩いてくれることが多い」
2才10カ月(女の子)

キャラクターのカートでご機嫌に

「大きいショッピングモールにあるキャラクターのカートに乗っている間は、30分くらいなら静かにしてくれるので、その間に大急ぎで買い物を!」
2才2カ月(男の子)

「いっしょに探して♪」と娘にお願い

「『ママひとりじゃ見つけられないから、いっしょに大根を探してくれる?』など、何か仕事を与えると、張り切っていっしょに探してくれます」
2才8カ月(女の子)

売り物で遊ぼうとする

お肉が泣いちゃうよ!

「肉のパックの袋を破って楽しんでいた息子。『お肉の洋服破っちゃって、泣いているよ』と言うと『ごめんね』と悲しそうな顔に」
2才2カ月(男の子)

いっしょにやろう!と提案

「パン屋さんでトングを使ってとりたがるので、はじめは泣いてもカートから降ろしませんでしたが、『いっしょにね』と言うと、ほしいパンをとったら、納得してカートに戻りました」
2才3カ月(女の子)

お菓子などを買ってほしいと泣く

パパがいる日にしか子どものものは買わない

「お菓子やおもちゃなどの子どものものは、パパがいっしょの日にしか買わず、"パパにしか買えない"というイメージをつけさせています。ガチャガチャなどもこれで乗り切り!」
2才11カ月(男の子)

行く前から買うものを伝える

「『きょうはお魚買うだけだから、お菓子は買えない』と納得させてからスーパーに。これを伝え忘れると、必ずおねだりされます」
2才4カ月(女の子)

道路に飛び出しそうに！

ハーネスを装着！

「すばしっこくて、急なときに追いつけないことがあるので、駐車場などの危ない場所ではハーネスが必須！　ハーネスのおかげで何度も危機をのがれました」
2才6カ月(男の子)

手をつないで〜と懇願！

「『○○くんが手つないでくれなきゃ、ママ動けない〜』など、プラスαで手をつないでほしい理由をつけると、ニコニコで手をつないでくれます」　3才(男の子)

大人が車道側を歩くとルールを決める

「道を歩くときは『○○ちゃんは内側、ママは外側を歩くよ』と、毎回声かけをしています。走り出してしまったときは、再度声かけ。根気はいりますが、徹底させたいので、いまががんばりどき！」
2才9カ月(女の子)

帰りたくない！と大泣き

ペットが泣いちゃう！

「飼い犬の話を出すと、『帰らなきゃ！』と言う娘。ペットを飼っていない友だちは、大好きなぬいぐるみのことを話すと言っていました」　3才1カ月(女の子)

何回かに分けて伝える

「『あと3回すべり台したら帰るよ』『グルッと1周したら帰るよ』など、帰るということを、いきなり伝えないように気をつけています」
2才10カ月(男の子)

なかなか前に進まない

汽車ぽっぽごっこで歩く

「コートのすそなどを持たせて、『出発進行〜！』と言うと、ずっと私のあとをついて歩いてきます。たまに汽車という設定を忘れると怒られますが(笑)」
2才1カ月(男の子)

"10"まで歩いてみよう！

「最近なんとなく数を数えられるので、『10まで歩いたら抱っこ』と言うと、ゆっくり10まで数えます。数えるのに必死で、数分歩き続けてくれたらラッキー！」
3才(女の子)

ベビーカーを拒否する

ハンドル型のおもちゃ

「車が大好きな息子は、ハンドル型のおもちゃを、ベビーカーのバー部分に装着したら、ウソのように毎回いやがらずに乗るようになりました」
2才2カ月(男の子)

ベビーカーはおやつタイム

「どうしてもベビーカーに乗ってほしいときをおやつタイムにできるよう、その前後にはお菓子はあげません。"すわって食べる"を教えることもできて一石二鳥」
1才10カ月(女の子)

日替わりで違うおもちゃをつける

「ベビーカーのおもちゃって、ずっと同じものをつけっぱなしにしがち……。毎回変えていたら、案外あっさり乗りました」
2才8カ月(女の子)

チャイルドシートがイヤ

DVD作戦は無敵！

「ポータブルDVDプレイヤーをチャイルドシート前に設置。大好きなDVDを見ているので、親子ともにノンストレスでドライブができます！」
2才9カ月(男の子)

聞き慣れた音楽をBGMに

「保育園でいろいろな音楽を聴いてくるので、先生にCDの名前を聞き、同じ音楽を車のBGMに。保育園で聞いている音楽と声もいっしょなので、おとなしく聞いています」
1才10カ月(女の子)

手を洗いたがらない

お気に入りのタオルを持参

「肌ざわりがよく気に入っているタオル。『手を洗わないなら、このタオルあげちゃおうかな?』と言うと急いで手洗い場へ走っていきます」
2才(男の子)

バイキンが見えるふりをする

「『芽衣ちゃんの手、バイキンがいっぱい〜!』と言うと、あっさり手洗いをしてくれます。外出時は手洗いさせるだけでも一苦労!」
2才2カ月(女の子)

やる気スイッチをONにさせる

「娘は負けずぎらいなタイプなので、私が『あの子じょうず〜』と言うと、私もできる!と言わんばかりに、遊具にチャレンジしにいきます」
2才10カ月(女の子)

ポリ袋が大活躍!

「小さめのポリ袋を持参し、『この中に宝物を入れようね』と言うと、いろいろなところを探検しに行きます。木の実や虫などに興味をもつきっかけにも」
2才1カ月(女の子)

公園でもママ!ママ!

ハイ、チーズ!でご機嫌♪

「せっかく公園に行っても遊具で遊びたがらず、私の足にしがみついているので、『ママ、写真撮るね』と言うと、積極的に遊具で遊び始めます」
1才9カ月(女の子)

電車の中で騒ぐ

抱っこをして手遊び

「"ずいずいずっころばし"を保育園で覚えて以来ハマっているので、抱っこをして、小さい声でやっています」
2才8カ月(女の子)

電車の外の景色を見せる

「靴を脱がせてorドアの近くに立たせて、外の景色を見せるのが一番! 声が大きいときもあるので、極力すいている車両を選びます」
3才1カ月(男の子)

どうしても無理なときはスマホ

「スマホは最終兵器として考えておくと、私の不安も半減! 電車移動がある日は、それ以外の時間にスマホやテレビの時間を控えめにして、帳尻を合わせるようにしています。電車内で見せるときは、見せっぱなしにはせずに、『これ、なんだろう?』と、声をかけながら見せるのもポイント」
2才9カ月(女の子)

ヘルメットなどのかぶりものを拒否

とろうとしてもとれない!

「ベルトを苦しくない程度にぴったりめに調整して、とろうとしてもとれないようにしています。自転車に乗っている間は泣いているけど、つけてくれないよりはマシ!」
2才9カ月(男の子)

どんなに暑くても帽子はNG

「好きな色やキャラクターなど、いろいろ試しましたが、すぐに帽子をとってしまいます。あきらめて、日なたで遊ばないようにしていましたが、保育園の紅白帽だけはかぶってくれるので、休日も愛用中(笑)」
1才10カ月(女の子)

自転車に乗りたいけどヘルメットが苦手

「最近、足けりタイプの自転車に興味をもち始めた息子。「乗るにはヘルメットだよ」と言ってもイヤイヤ。いつかはかぶってくれるだろうと、気長に待っています」
2才7カ月(男の子)

発達心理学から見た子どもの気持ち

40-48ページ

白百合女子大学
人間総合学部
発達心理学科教授
菅原ますみ

子どもは成長とともに物事を理解する力が深まる

乳児期（0～1才）

がまんする力が芽生える時期。
原動力は「ママ（パパ）大好き！」
という気持ち

　乳児であっても、おなかがすくと指しゃぶりをしたり、タオルをたぐり寄せて自分で感情をコントロールしようとします。さらに、「人の事情を察知してがまんする」という力が芽生え始めるのも、この時期です。

　赤ちゃんがワーンと泣くと、ママ（パパ）は「おむつかな？ おっぱいかな？」と考えてお世話をします。このくり返しで赤ちゃんは、「泣けばママやパパが来て、不快な気持ちを解消してくれる」と深い信頼を寄せるようになります。この信頼があることで赤ちゃんは、短時間なら指をしゃぶるなどして自分を制御できるようになるのです。

　ハイハイを始めるころになると、「こっちに行ってもいいの？」という表情で親をふり返ることがあります。親が笑顔なら前に進み、怖い顔で首を横に振るとためらいます。これは、親を通じて社会のルールを学ぼうとしているからです。子どもは親が大好きで、親から学びとろうとしているのです。この時期に「ママ、パパ、大好き」という思いを育てることができれば、親の思いは伝えやすくなっていきます。

イヤイヤ期（1才半～2才）

人生最大のわがまま期。
「ママやパパとは違う自分」
に気づく時期

　1才半になると、子どもの内面は大きく変化します。それまでは「ママと自分はなんとなく同じ」だったのに、「ママと自分は違う」「自分には自分の意思がある」と気づくのです。これは目覚ましい発達です。

　しかし、芽生えたばかりの「自分」はとても自己中心的なので、「ほしいおもちゃはすべて自分のもの」「やりたいことはすべて自分でできる」という、大人から見ると激しい勘違いをします。危ない行動やよくない行動にはストップをかけ、その理由を説明します。ただし、親の言うことを聞けるのはもう少し先のことです。

　握りしめた他人のおもちゃを簡単に手放せる2才児は、そうはいません。親はそばで見守り、奪いとる前にストップをかけたり、「おもちゃを返せるかな？」と交渉したり、「違うおもちゃもあるよ」と気持ちを切り替えさせたり、ルールを伝えます。自分から「人のおもちゃをとるのはよくないこと」とがまんできるのはまだ先です。「世の中には、どうもそういうルールがあるらしい」と理解できれば、よしとします。

幼児期前半
（3才）

ほめられたい！ 認められたい！
けなげな思いが
芽生える時期

　3才になると、「なんでもイヤイヤ」な時期を脱します。子どもはしだいに「世の中にはルールがある」ことを知り、「それを守るのはいいことだ」と理解するようになりますが、2才児の段階ではまだじゅうぶんに理解することはできません。このころから辛抱強く伝えていると、**3才ごろからは「言われたことは守るのがいい」と理解できる**ようになるのです。

　このような**自分をコントロールする力はまだ芽生えたばかり。理屈はわかっていても、がまんできる場面は限られます**。それでも親は、がまんの瞬間を見のがさずに認めてあげましょう。イヤイヤ期に激しいバトルをくり返すと、親子関係がこじれてしまうこともあります。**親子でふれ合う時間もたっぷりもちましょう。**

幼児期後半
（4〜6才）

自分を抑える力がついてくる。
だからこそ、
個性がきわ立ってくる時期

　4才くらいになると、子どもたちの自己コントロール能力は急激に高まってきます。4才よりも5才、5才よりも6才と直線的に伸びていきます。ほしいおもちゃがあっても、「買わないと約束したんだから無理だろうな」と理解し始めてぐずらなくなり、**5才を過ぎれば「おもちゃ買って」と泣きわめく子はほとんどいなくなります。**

　幼児期後半になると、「だれかのお菓子を食べちゃったら、その子は悲しい気持ちになる」など、**他者の気持ちに考えが及ぶよう**になります。これを**「心の理論」**といいますが、その思いが芽生えるのも、平均的には4才半以降です。2才や3才では相手の気持ちを思いやることができなくても当然です。**ルールを伝え続けることで、4才くらいで気づける**ようになります。

菅原ますみ先生
からの
メッセージ

どなりたい、たたきたい、
腹が立ってたまらない……。
あなた自身のケアが必要かもしれません。

　睡眠不足や体調不良、ひどい疲れで自分自身が消耗していたり、ひとり育児で協力してくれる人がいなかったり、親の側の悪い条件が重なると、子どもに対しての許容量が極端に低下します。激しい怒りに襲われたり、どなりたい気持ちがわいてくることもあるでしょう。
　「子育てが大変すぎる」「子どもはかわいいけれど、2人きりだとつらくなる」と思うことがあるのなら、サポートを求めることをおすすめします。パートナーにつらい気持ちを正直に伝える、両親やきょうだい、ママ友に頼るなど、人的資源を求める方法もあります。同時に、公的な支援を探しましょう。

　自治体によって子育て支援の内容は違いますが、無料もしくは安価で子どもを短時間預かってくれたり、未就園児でも保育園や幼稚園で子どもを受け入れてくれることもあります。**子育ての悩みは、子育て支援センターや保健所で聞いてもらうことができます。**図書館や児童館では、親子を対象にした読み聞かせや工作教室などがあり、参加することで気持ちをゆるめることができるかもしれません。
　自分自身の心と体をケアするために、ゆっくり入浴する、短くてもひとりになる時間をもつ、ストレッチで体をほぐす、友人と話す時間も大切です。「自分の時間を確保するためにサポートに使うのはよくない」と考えずともよいのです。**あなた自身がすこやかでいることが、子どもとのよい時間を支えてくれる**ことでしょう。

「育てやすい」「育てにくい」と感じる子どもの個性

個性に合わせて声をかける

欲求や感情を制御できると「育てやすい子」といわれます

まじめで思いやりがある、エネルギッシュでお調子者、のんびりしている、度胸があるなど、性格に着目すると、その子の個性が立体的に見えてきます。

性格特性のなかで**子育てのしやすさに大きくかかわるのが、「自己統制性」**です。これは、**「衝動性の強さ・弱さ」「自己コントロール力の強さ・弱さ」**という2つの観点から見ることができます。

なにかを「やりたい」、なにかが「ほしい」と思ったときに、深く考えずに行動する人は衝動性が強く、よく考えてから行動する人は衝動性が弱いといえます。この、衝動を抑える力が自己コントロール力です。「○○したいけれど、いまはやめておこう」と考えて、すぐに行動に移さない人は、自己コントロール力が強いといえます。

子どもにより、何度ダメと言われても同じことをする子もいれば、一度言われたら二度としない子もいます。これは、子どもの**「自己統制性＝衝動性×自己コントロール力」**によるものです。また、同じ言葉で伝えても、子どもにより反応はさまざま。**その子に合わせた声のかけ方が大切**であることを覚えておきましょう。

衝動性が強くない、自己を抑える力がある子、つまり自己統制性が高い子を、親は「育てやすい子」と感じます。一方で衝動性が強い子は「育てにくい」と感じますが、度胸があり発想力に長けている子も多いのです。こうした特性がその子らしさをつくっているので、**個性に「よい」「悪い」はありません**。

わが子はどのタイプ？

44〜48ページのチェック☑ポイントにチェックして、子どものタイプを見てみましょう。
5つ以上当てはまるところがその子のタイプを示しています

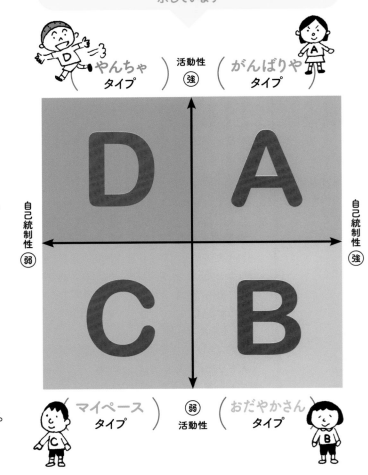

自己統制性とは

衝動性×自己コントロール力＝自己統制性。自己統制性が高い子ほど親は子育てがラクと感じる

● 衝動性とは?

人にはみな、「ほしい」「やってみたい」「気持ちをわかってほしい」など、さまざまな欲求があります。「悲しい」「うれしい」「腹が立つ」などの感情もあります。そのような**欲求や感情にまかせ、悪い結果になってしまうかもしれないのに、深く考えずに実行してしまう行動傾向を「衝動性」**といいます。

衝動性はだれにでもあるのですが、その強さには個人差があります。「食べたいけれど、まぁいいかな」と思える人もいれば、「食べたいんだから、何がなんでも食べさせてくれ!」と激しく思う人もいます。カーッとなりやすい人もいれ

ば、淡々としている人もいます。これが衝動性の強さ・弱さです。

● 自己コントロール力とは?

衝動を理性で制御していく力を「自己コントロール力」といいます。

衝動性が弱い子、自己コントロール力が強い子、その両方をもっている子は「自己統制性」が高くなるため、親にとって「育てやすい子」という印象が強くなります。逆であれば、「手のかかる育てにくい子」と思われる可能性が高くなります。

衝動性が強い子＝悪い個性というわけではない

自己統制性が低いほど、親は子育てを「大変」と思う傾向にあります。

3才くらいまでの子は、どの子も自己コントロール力が未熟で弱い(自己統制性が低い)といわれます。

念のためにお伝えしますが、衝動性が強い子＝悪い個性、というわけではありません。自由奔放にふるまえる人・自己主張できる人は魅力的ですし、喜びや悲しみの表現の豊かさはチャームポイントです。

でもそれは同時に、状況をわきまえないと「わがまま」「自己中心的」といった欠点にもつながります。

表現の仕方とコントロールの方法を学ぶことで、素敵な個性として認められるものになるのです。

活動性とは

エネルギーが外に向かう子ほどよい面も目立つし、弱点も指摘されやすくなる

同じことをしていても、目立つ子はしかられやすい!?

衝動性が強く、自己コントロール力が弱い「ちょっと困った手のかかる子」の中でも、よくしかられる子と、あまりしかられない子がいます。自己コントロール力が強いのに、ときどき大目玉をくらう子もいます。

その違いは「目立つ」ということです。

みなさんにも覚えがあるかもしれませんが、学校で**同じようにおしゃべりしていても、「○○さん、うるさいよ」とひとりだけ注意されてしまう子が「目立つ子」**です。

外交的で社交性のある子は名前を覚えられますし、エネルギーがあって声や動作が大きく、活発だと目をひきます。左ページの座標の縦軸は「活動性の

軸」です。上に向かうほど積極的(外向的・そうぞうしい)ということになります。逆に、下に向かうほど消極的(おとなしい・目立たない・静か)な子といえます。

活動性の高さ・低さは、直接的に「しかられやすさ」を左右することはありませんが、活動性が高いほど目立ってしまうので、「衝動的」「自己中心的」としかられることがふえる傾向があります。

座標図で示したように、**活動性と自己統制性をかけ合わせて見たとき、その子の個性が鮮やかに立ち上がってくる**でしょう。

自己コントロール力で「長所」が輝く

活発で積極的であることは、長所です。しかし、**活動性が高くても自己統制性が低いと、マイナス評価になってし**

まうことも少なくありません。

座標でいうとやんちゃタイプの子に多い傾向ですが、衝動性の強さにエネルギッシュさや自己主張の強さなどがかけ合わされることで「わがままな行動」「空気を読まない子」と非難されることがあるかもしれません。

一方、**活動性が低い消極的な子でも、自己統制性が高い子であれば「まじめ」「優等生」「縁の下の力持ち」と評価される**ことも。逆に自己統制性が低い子だと、「ダラダラしている」「怠けている」と見られる場合もあります。

このように、親が子どもを「育てやすい」「育てにくい」と感じるとき、そこには「自己統制性」と「活動性」が大いに関連しています。

A ゾーン

チェックが5つ以上ついたらこのタイプ

がんばりやタイプ

熱いハートをもちつつ、グッとこらえる力も強い

こんな子です!

まさに王道ヒーロータイプ。成長に伴って頼もしい存在に!

- ☑ 明るい
- ☐ リーダー肌
- ☐ エネルギッシュ
- ☐ お調子者
- ☐ あせりやすい
- ☐ 元気いっぱい
- ☐ しっかりしている
- ☐ 手がかからない
- ☐ あわてんぼう

　行動的でガッツがあって、ときにハラハラさせられるけれど、勇気と知恵と正義感で周囲から信頼を得るタイプ。「やりたい!」「負けない!」という思いが強く、エネルギッシュ。

　統制性の高さという武器をもっているので、年齢が積み重なるほどに頼もしさが出てきて、リーダータイプへと成長します。

ココ!

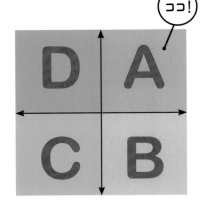

声かけのポイントは?

頭ごなしにどなったら、素敵な個性をつぶすことに。前向きな気持ちを応援し、「あなたならできる!」と勇気づけを

ポイント1 「がんばれ」「助かった」が原動力に

　がんばりやタイプの子は非常にエネルギッシュなので、2才のイヤイヤ期には苦労させられた……という親も多いかもしれませんね。このタイプは、「いいかげんにしなさい!」「なんであなたはそうなの?」と、頭を押さえつけるようにするしつけは×。逆に、「助けて!」と言われると何をおいても助けに行きますし、「応援しているよ」と言われると、実力以上の力を発揮します。してほしい

ことは「お願い」し、やってくれたら「助かったわ!」と感謝すれば、きっと得意満面。「活動性」にいい意味でみがきがかかるはず。

ポイント2 1回目は「教える」だけでOK

　頭ごなしにしからず、「どうしてこうなったの?」と話を聞いてあげましょう。そのうえで、どこがまちがっていたのかを伝え、親が見本を示すなどして、ていねいにやり方やルールを教えてあげるといいですね。そして「こうすればいいよ。

あなたならきっとできる!」と、このタイプ特有の理性と誇りに訴え、信頼を伝えるほうがやる気につながります。

ポイント3 体調やストレスも考慮してあげて

　激しいわがままを言ったり、泣いてわめいたりすることがあれば、体調が悪い、あるいは大きなストレスをかかえている、という可能性もあります。子どもの周囲を見直し、心の不安をとり除いてあげることも大切です。

B ゾーン おだやかさん タイプ

チェックが5つ以上
ついたらこのタイプ

**目立たないけれどしっかり者。
その魅力を見のがさないで**

> **こんな子です！** 手がかからない「いい子」。
> 人見知りな側面も

- ☑ おとなしい
- ☐ やさしい
- ☐ フォロー役
- ☐ 優等生
- ☐ 目立たない
- ☐ ほうっておかれがち
- ☐ まじめ
- ☐ 思いやりがある
- ☐ 縁の下の力持ち
- ☐ ていねい
- ☐ 内向的

格別な自己主張をしなくても、周囲から信頼され、慕われ、いざとなると頼りになる子といえるでしょう。

その一方で、内向的で自己主張ができない面もあり、「やればできるのに、自分に自信がもてないのでチャレンジしない」という傾向もあります。積極性をじっくりと育てていくことが大切です。

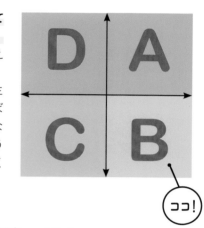

ココ！

> **声かけのポイントは？** 厳しい言い方はストレスのもと。不安が強い子なので
> やさしくさとすだけで効果は絶大！

ポイント1 強くしかりすぎない

4つのタイプの中で、「もっとも育てやすい」のがBゾーンの子です。でも「育てやすい子」の本質は、そんなに単純なものではありません。なぜ育てやすいかというと、親のコントロールがききやすいからです。なぜコントロールがききやすいのかというと、不安が強いからです。先を読む力があるので、「これをしたら、だれかにしかられてしまうかもしれない。だったらやめておこう」と、やりたい気持ちを制御してしまいます。特に親

の顔色には敏感になりがちです。この子たちを強くしかるのはおすすめしません。

ポイント2 「あれ? どうしたの?」にドキッ！

このタイプの子は、言われたことはすなおに受け入れ、そのとおりにやります。それでもルール違反をすることがあれば、「ちゃんと理解していなかったんだ」と考えて、もう一度ていねいに説明してあげましょう。しかる場合でも、目を合わせ「あれ? どうしたの?」と言うだけでも、すっと手を引っ込めたり、行

動を改めたりする可能性が高いものです。大きな声や怖い表情でしかりつけることは、逆効果です。

ポイント3 多くを要求するのはNG

「いい子」でいようとする子に、親が過剰な要求をしてしまうと、せっかく積み上げてきた「いい子」の自信すら失いかねません。「いつも助けられているよ」「あなたが大好き」と感謝しながら、おだやかで堅実で、バランス感覚のよい長所を伸ばしてあげて。

C ゾーン マイペースタイプ

チェックが5つ以上 ついたらこのタイプ

ちょっとおボケの"天然さん" ママはイライラしちゃうかも

こんな子 です！ まさしく"のび太くん"キャラ。癒やし系でもあります

☑ 天然
☐ 癒やし系
☐ 動作がゆっくり
☐ のんびりしている
☐ グズグズしている
☐ ダラダラしている
☐ 引っ込み思案

「したいことだけやって、のんびり生きていければいいんだよ、ぼくは」なーんて言葉が似合いそうな子。その代表といえば、「ドラえもん」の主人公・**のび太くん**。自分で解決しようとすることは（めったに）ありません。でも心やさしく、**やるとき（だけ）はやる**のです。

「ちびまる子ちゃん」の主人公・**まる子ちゃん**もこのタイプかもしれませんね。**マイペースでめんどうくさがりやで、周囲をイライラさせつつも、なんとなく味方をふやしてしまう**、不思議な存在なのです。

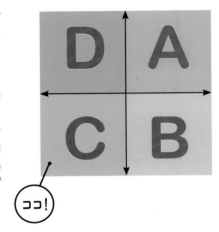

ココ！

声かけの ポイントは？ イライラをぶつけても何をしたらいいかわかりません。スモールステップで「できる！」をふやしてあげて

ポイント 1 つまずきにていねいに寄り添って

統制性が低く、自分で自分の活動をあまりじょうずにコントロールできないこのタイプの子。しかも活発ではないために、「ダラダラ」「グズグズ」に見えてしまいます。彼らは一見とてもマイペースですが、実は「できない」ということに自信を失い、無気力になりかけていることも。そんなときにはていねいに寄り添って、どこにつまずいているのかいっしょに点検し、解決に向かうようにサポートしてあげましょう。

ポイント 2 しかるよりも支えることが大事

長い説教は効き目がありません。しかる場合には「そのとき・その場で・手短に」。しかる内容も厳選してください。そして、このタイプの子には、しかるより支えることを重視したほうがうまくいきます。イメージは、ダメなのび太くんをいつも支え、少しの努力もほめるドラえもんです。

ポイント 3 自信を育てよう

Cゾーンの子は、ほかのどのタイプの子よりも認められること、注目されることが少ない子たち。「できた！」という体験を重ねられるよう、できたねシールやごほうび制度の活用などで自信を育ててあげましょう。

D ゾーン

やんちゃタイプ

チェックが5つ以上
ついたらこのタイプ

欲望のままにガッツリ行動！狩猟時代なら"英雄"かも？

こんな子です！

わがままでパワフル。吉と出るか、凶と出るかは親しだい!?

☑ 度胸がある

☐ エネルギッシュ

☐ 怖いもの知らず

☐ 発想力がある

☐ 落ち着きがない

☐ 乱暴

☐ 自己中心的

☐ 忘れんぼう

☐ 有言不実行

　衝動性が強く、自己コントロール力が弱く、しかもパワフルで活動的。思い立ったら即、動いてしまうので、忘れ物もなくし物も多いはず。たとえるなら、「ドラえもん」に出てくるガキ大将の**ジャイアン**かもしれません。
　Dゾーンの子は、**衝動性が外に向かいます。**そのせいで、わがままな言動や空気を読まない行動をとるようにも見えますが、案外人気者であることも多いのです。

ココ！

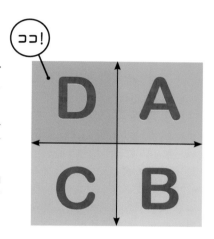

声かけのポイントは？

してはいけないことはその場で止めて。自己コントロール力を育てることが幸せな人生への扉を開きます

ポイント1 不安に寄り添う親の覚悟が大切

　あと先考えずに行動するので失敗も多く、しかられてもめげたりしません。しかられるとカンシャクを起こすことも多く、激しい感情に親も巻き込まれてしまいます。しかられてばかりいると、「自分は親に愛されていない」と不安を募らせます。そのせいでますます問題行動を起こし、さらに親はイライラする……という悪循環にはまり込んでしまう可能

性も。手がかかることは覚悟して、しっかり寄り添うことが大切。

ポイント2 威厳ある親になるべし

　このタイプの子をしつけることは、親にとって重大なテーマです。幼い時期に社会のルールを浸透させることが、この子たちの人生に必須だからです。自我の強いDゾーンの子たちには、「この人には逆らえない。でも信頼できる」と思わせる親の威厳が必要。「予告し →

見守り →できたらほめる」をくり返して。

ポイント3 ほめる場面をふやし、しかる場面をへらす

　一見タフでもナイーブなので、日常生活では、できるだけ「しかる場面をへらす」「ほめる場面をふやす」ようにして。たとえば「やりたい！」ということには挑戦させてあげて、大きな失敗をしないですむよう、後ろからそっと手を貸してあげるのです。

0 ゼロ バランスタイプ

ゾーン

チェックが5つ
ついたらこのタイプ

A 〜 Dのミックス型
環境や体調で変化する

 こんな子です！ 全ゾーンのアドバイスを
じょうずにとり入れて

☑ やさしい　　☐ おだやか　　☐ のんびりしている

☐ 目立たない　　☐ 際立って悪いところは特にない

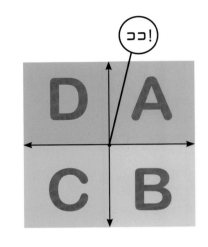

ココ！

最後に登場するのが、縦軸も横軸も限りなく**ゼロ**に近い子たちです。A 〜 Dのすべての要素があるといえば、ある。ないといえば、ない。特に育てにくいわけではないけれど、特別育てやすいと感じさせる子でもない。ひと言で言うと普通。

できればすべてのゾーンのアドバイスを読んで、「これがうちの子に合うアドバイスかも」と思ったものを採用してください。

かといって、それぞれのアドバイスが100%役立つわけでもなく、その個性をやや薄めて少しずつまぜながら、水彩絵の具のグラデーションのように利用するのだと意識するとよいですね。

ゼロゾーンの子たちは、自己統制性もある程度もっています。でも、コンディションが悪いと、できていたことができなくなる場面も多いので、「どんなときにくずれるのか」「こんな状況ならうまくできる」といった**子どもの得意・不得意を親が理解し、「できる！」と思える場面、ほめられる場面をふやしてあげたい**ですね。

基本的には、その子のよさを認めて、あたたかく見守ってください。

菅原先生からメッセージ

個性には「いい」も「悪い」もありません。「育てにくいよりも育てやすい子のほうがいい」という声も聞こえそうですが、**子どもの個性のよしあしは、かかわる人間が勝手につけた「ラベル」にすぎない**のです。

同じ子の同じ性格であっても、表現によって肯定的にも否定的にもなります。たとえば、「言うことを聞かない頑固な子」は「思いを貫き通す意志の強い子」ともいえます。

わが子の個性を否定的にしか見られなくなったとすれば、子育てに行き詰まり感があるときかもしれません。それはどんな親でもじゅうぶんに起こりうることです。そんなときは先生、両親、ママ友など、わが子の個性を肯定的に語ってくれる人に相談するのがおすすめ。ラベルの貼り替えだけで、個性を受け入れやすくなることもあります。

自分の価値観だけでわが子にラベルを貼りつけていないか、子育てをふり返ると、ありのままのわが子のよさに気づくこともあります。そして、その個性を周囲に受け入れやすい形で表現する方法を子どもに伝えましょう。その**手助けをタイムリーにできるのは、身近に暮らす親（家族）**なのです。

「食べない」「食べすぎ」「好き嫌い」の悩み解消

食べることが好きになる
離乳食と幼児食

母乳やミルクから離乳食、幼児食へと
食べる力を身につける時期。
食べない、好き嫌いばかりする、食べこぼすなど
悩むママ＆パパも多いことでしょう。
自分で食べることの不安を受けとめながら
無理じいせずに。おいしいレシピも紹介します。

監修　上田玲子　白梅学園大学・短期大学非常勤講師
博士（栄養学）、管理栄養士

食事のお悩みTOP3
「小食・大食い」「好き嫌い」「落ち着きがない」

食事の
お悩み **①**

小食、大食い…
適量を食べてほしい！

食事の
お悩み **②**

好き嫌い、
ばっかり食べ…
栄養バランスが心配！

食事の
お悩み **③**

遊び食べ、
フラフラ歩き回る…
食事中に落ち着きがない！

① 小食、大食い

自分で食べることへの不安をママの笑顔で解消

幼児食は自分で食べる力を身につけ、食生活の土台をかためていく時期。必要な栄養がとれるよう、**主食、主菜、副菜をバランスよく食べること**が大切。ただ、大人にもたくさん食べる人、小食の人がいるように、子どもの食べる量にも個人差があります。小食の子に無理に食べさせようとしたり、たくさん食べる子に必要とする量をあげないのはNG。体重のふえ方を目安にして、**その子なりの適量を食べているかを確認**しましょう。体重曲線に沿って増加していけば、心配しなくても大丈夫。

また、この時期の食へのイヤイヤは、自分で口に運ぶことへの不安がもとになっている、ともいわれます。**まずは親が笑顔で食べて安全であることを示し、食べられたらたくさんほめて**。小さな「できた」の積み重ねで、食への興味が広がります。

50

② 好き嫌い

苦手食材の克服は
根気が大切！

幼児期の未熟な味覚は、いろいろな味や食感にふれることで育っていきます。好きなものばかり与えていては、味覚の幅が狭まってしまいます。苦みのある野菜や酸味のある食材、またこれまであまり口にしたことのない食材をいやがるのは、「本当に安全？」と警戒するから。**無理じいせず、時間をかけて克服**していきましょう。

まずはきらいな食材も定期的にメニューに登場させ、親がおいしそうに食べている姿を見せて、安心させることが大切。**2才代は、好物に刻んでまぜるなど、調理の工夫で食べさせる**のもおすすめです。アクの強い野菜はゆでこぼす、繊維質の食材はこまかく刻む、パサパサしがちな肉や魚類はかたくり粉をまぶしてから焼いて口当たりをよくするなど、調理の工夫も有効！

3才を過ぎたら、何を食べているのか、形を見せて慣らして。「ひと口だけ食べてみよう」と促し、少しでも食べられたらたっぷりほめて達成感を感じられるようにします。何回か口にするうちに慣れ、いつの間にか大好物になることも珍しくありません。

③ 落ち着きがない

食事に集中できる
環境づくりを

食事中にフラフラ歩いたり、ごはんをおもちゃにしてしまうのも、イヤイヤ期に多いお悩みのひとつです。原因の多くは、食事に集中できていないこと。テレビやおもちゃなどに気をとられていないか、親が途中で席を立っていないか、**環境をもう一度見直してみ**ましょう。食事の前は「もうすぐごはんだよ」と声をかけ、テーブルをふいたり、はしを並べたりする**お手伝いをさせるのもおすすめ。**

また「遊ばないうちに早く食べさせたい」とあせるあまり、**親が横から食べさせてしまうのは考えもの。自分で食べる意欲がつみとられ、かえって遊び食べにつながってしまうこと****も。**こぼしたり、ときにはお皿をぐちゃぐちゃにしてしまうことがあっても、この時期はある程度しかたないことと目をつむり、**子どもの自主性を大切**にしましょう。

3食とおやつの時間を決め、おなかがすいて食事をする、というリズムをつくることも大切です。おなかがペコペコなら、遊ぶよりも食べることに気持ちが向くもの。体を動かしてしっかり遊んでいるか、おやつのダラダラ食べ、ジュースや牛乳などでおなかがタプタプになっていないかも見直しましょう。

食事の悩み解決法
① 小食・大食い

Case Study　小食キッズ のごはんに密着

少し食べると満足して、ほかのことに気持ちが移ってしまう"食べないキッズ"が登場！「こんなに食べなくて大きくなれる？」とママは食事のたびに気が気ではありません。

ほうれんそうのナムル　ごはん　豆腐のステーキ
ちくわとさつま揚げの煮物　ウインナと野菜のケチャップいため

START!

↓食事いすにすわらせようとすると、足を突っ張って抵抗。おなかはすいているはずなのになぜ……？

いきなり拒否!?

ヤダー

すったもんだの末、着席――ふりかけでご機嫌回復

↑ママの「ふりかけ、かけよう」のお誘いにご機嫌回復。自分でサラサラ〜とかけるのが楽しい♪

せいらちゃん（1才11カ月）& ママ

歌やダンスが大好きな女の子。離乳食のころから小食で、体格も細め。かぜをひきやすいのも、栄養不足のせいではないかと心配。

モグモグ

ひと口、ふた口、したら…

えっもう??!?

↑フォークでじょうずに食べていたのもつかの間、あっという間に「もうおなかいっぱい」のポーズに。

このままでは終われない…少しでも食べてもらおうと
あの手この手！

食べたら拍手で絶賛！

←拍手と笑顔で応援！自分で食べられたら、惜しみなくほめる！

→脱走したせいらちゃんのあとを追って、席に戻るように説得。

席に戻って食べよう！

まだいける！

←ごちそうさまのポーズは見なかったことにして、フォークを運ぶ！

FINISH!

↑ごはんは半分以上が手つかず。苦手な野菜もはじかれてしまいました。

Advice　生活リズムをもう一度チェック

1週間ほど、1日のスケジュールと食事・間食の内容を記録し、規則正しい生活ができているか、遊びはじゅうぶんかを確認して。鉄不足も心配です。間食も鉄を多く含んだものを。

「小食」「大食い」わが家ではこうしてます！

小食

アンパンマンのパペットで気持ちをのせる！

3才（男の子）

イヤイヤ期は、食事の時間になると「いらないの〜」とグズグズ。パペットを使って「ぼくも食べてもいい？」「いっしょに食べよう！」と誘うと、気持ちが切り替わって食べてくれるように。

ボリュームのあるおやつで量を補強

1才2カ月（女の子）

5口食べると、あとはベーッと拒否。1食が少なすぎるので、おやつにさつまいもやバナナなど、おなかにたまるものを与えます。

自分で食べやすいひと口おにぎりが活躍

2才4カ月（女の子）

ごはんはそのままよそうより、小さなおにぎりにしたほうが食べやすいようで、すすんで食べてくれます。魚のほぐし身をまぜたり、具だくさんのチャーハンにすれば、栄養価もアップ。

家族いっしょだと楽しくてモリモリ

11カ月（男の子）

夕方の離乳食は、ひとりだと食べません。夜になってしまいますが、大人の食事時間にいっしょに食べると量がすすみます。

大食い

小皿にいろいろ並べ、時間をかけて満腹に

1才3カ月（男の子）

炭水化物を食べすぎないように、冷凍保存容器1個分（120㎖）を1食分の目安に。「もっと！」のときは野菜や豆でごまかします。

見えるとほしがるので残りは隠す！

1才1カ月（女の子）

ヨーグルトは、残っているとわかると指をさして「もっと！」。あげないと怒るので、食前に適量だけよそってパッケージは隠します。

9カ月のときに小鳥族→もっと族に

1才2カ月（男の子）

「もっと」や「ごはんが待てない」に備えて、野菜スティックをストック。焼きのりを小さくちぎって渡すこともあります。

小皿にいろいろ並べ、時間をかけて満腹に

10カ月（女の子）

大根、魚、だしがあってもスープにはせず、1品ずつ出して皿数をふやします。順番に食べると満足感がアップするみたいです。

食事の時間は規則正しく設定

毎日決まった時間に食事をすることで、規則的に消化酵素が出て体内リズムもととのいます。**食事の間隔やおやつの時間をチェック**し、**空腹、満腹のリズム**をつくりましょう。体を動かして遊ぶことも、おいしく食事をするためには大切です。

かたさ、大きさをチェックして

食べすぎが気になるときは、大きめに切る、手づかみ食べメニューをふやすなど、**かむことを意識**させて。反対に小食が悩みの子は、やわらかく煮る、とろみづけをするなど、**食べやすさをアップ**する工夫を試してみましょう。

おやつのルールはビシッと決めて

幼児期のおやつは、栄養を補うための**第4の食事**。おやつの食べすぎで、食事を残すようでは困ります。2才代は、男子150 kcal、女子135kcal、3才代は男子260kcal、女子250 kcalが目安。**時間を決め、ダラダラ与えない**ように。

家族といっしょに食卓を囲む

食事に興味をもたせるには、**家族で食卓を囲む**のが一番! 色や香り、食感などを言葉にし、コミュニケーションを。また、この時期は手が汚れたり、こぼしたりしても神経質にならず、**食事を楽しむこと**を優先しましょう。

Advice!

管理栄養士
上田玲子

お悩みvoice

すごくすごく食べません。小食すぎて、毎日心配しています

子どもはみんな、生きる力をもっています。
生きるのに必要な食事の量を決めるのは、
ママではなくて子ども自身です。
毎日機嫌よく遊んでいますか?
顔色や肌のつやはいいですか?
発育曲線のカーブの伸びは順調ですか?
問題がなさそうなら、
その子の適量を尊重してあげてください。

お悩みvoice

底なし沼のように大食いです。このままだとおデブちゃんになっちゃう

赤ちゃんのときにミルクを飲めるだけ飲ませたり
離乳食を次々と口にほうり込んだり
しませんでしたか?
自分に必要な量を知る練習を、
たくさんさせてあげましょう。
手に持たせるなら、
スティック状ではなくて平たいせんべい状のもの。
飲み込める量だけを
前歯でかじりとる練習になります。
バイキング形式にして、
自分で盛りつけさせてみるのも
いいですね。

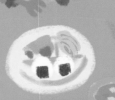

「小食さん」「大食いさん」上田先生からアドバイス！

食べなさすぎも、食べすぎも、同じくらい心配になってしまうものですね。
無理せず、子どもの様子をよく見て適量を探します。
いっしょに料理をするのもいいですね。

子どもが食べたがる量を
食べさせればOK

食べている様子を一度
じっくり観察してみて

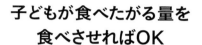

小食さん

食べてほしいからと最初からたくさんよそわず、思い切って盛りを少なくしてみませんか。「食べきった！」という自信が、食べることへの意欲につながるかもしれません。

いっしょに料理をするのも、食事への興味につながります。子どもがやりたい作業のナンバーワンはなんだか知っていますか？　卵を割ることなんです。自分でやりたがるイヤイヤ期ですから、ぜひ卵割りに挑戦してもらいましょう。

子どもが食べたがる以上の量を食べさせる必要はありません。そのことは忘れないでくださいね。

大食さん

食べることが大好きなんですね。それは素敵なことですが、**食べる様子をよく見てみましょう。**きちんとかんで飲み込んでいますか？　流し込むようにしていませんか？　メニューをやわらかいものだけにしない、水分はごはんの前かあとに出して食事中に食べ物を流し込ませない、などの工夫をしてみましょう。

経験を重ねて、**自分に必要な量を知ることも**大切です。小食さんと同じく、ごはんの盛りを思い切って少なくしてみるのはどうでしょうか。おかわりで調節しながら、**満足する量を**見つけていきましょう。

食事の悩み解決法
②好き嫌い

Case Study 野菜ぎらいキッズのごはんに密着

幼児食にステップアップしたころから徐々に好き嫌いがはっきりあらわれてきたという子も多いよう。特に野菜ぎらいのキッズは全国各地に！

たいがくん（1才9カ月）＆ママ
オムライスやハンバーグなどの洋食が好き。野菜全般は苦手で、いつもは刻んでわからないようにして食べさせています。

鮭ときのこのホイル蒸し
みかん
蒸し野菜
さつまいもごはん
大根のみそ汁

START!

↓フォークを手に持ち、みそ汁の大根をじょうずにすくってパクリ！

すべり出しは順調ですところが——

デザートに熱視線…
みかん!!

食べたくないものはプイッ！

ガブリッ

あまくておいしー
みかんLOVE♥

デザートを食べ終わって、本格的な食事の再開ですが——

↑スプーンがうまく使えず、イライラ。「食べさせて」とばかりに、ママにグイッとスプーンをさし出します。「私が食べさせてあげることが多いので、これが当たり前になっちゃったみたい」とママ。

Advice 食べてほしいものから時間差で出してみて！

すべての料理をいっぺんに食卓に出すと、好きなものに目が行きます。おなかがすいていれば苦手なものも食べてみようと思うはず。また、汚れてもいいので手づかみ食べをさせ、ママが手を出さないことも大切。

←顔をそむけて「絶対食べない！」の意思表示をはっきり。

おいしいよ食べて！
野菜で遊ばない〜

→ブロッコリーに興味津々。ペタペタさわって喜ぶも、食べようとはせず。

あ〜ん!!

←苦手な野菜は、「ママー♡」と笑顔でおすそ分け。

FINISH!

↑薄味の和食メニューだったこともあり、ごはんもおかずも半分以上残してしまいました。

「好き嫌い」わが家ではこうしてます！

「ペロッとして」で
ひと口目に誘導

2才9カ月（男の子）

はじめて見る食材や料理は、顔をそむけて拒否。そんなときは**「ペロッとしてごらん」**となめさせるところから。なめられたら、「あーんしよう」と第2段階へ。味がわかるとパクパク食べます。

かためにしたら
白飯も食べました

1才1カ月（女の子）

どうやらベチャベチャの白がゆがダメでした。歯が見え始めたころ、**軟飯よりややかためにしてみたら食欲全開**！ ちびおにぎりも、**ごま、青のり、しそふりかけをまぶす**と喜んで食べてくれます。

おなかをすかせた
タイミングをのがさない

1才3カ月（男の子）

最近は食べムラが出てきて、食べない日もあります。公園で思い切り遊んだり、お散歩をしたり、**おなかをペコペコにすかせた状態でごはんタイム**にするとパクパクです。

大好きな粉ものに
野菜もおまかせ！

ブロッコリーやじゃがいもは、食感が苦手みたい。やわらかくゆでて刻み、お焼きにまぜ込みます。1品で主食と野菜が食べられるし、手づかみの練習にもなっていいですよ。

親子クッキングで
作って食べる楽しさに開眼

2才（女の子）

お米を洗ったり、泡立て器でホットケーキの生地をまぜたり、野菜の型抜きをしたりと、娘の「やってみたい」にこたえてお手伝いを任命。いっしょに作ったものは、すすんで口に運びます。

とろみづけベビーフードで
口当たりをマイルドに

1才1カ月（男の子）

やわらかいものが好きで、1cm角程度でも固形だと吐き出します。パサパサ感がイヤなのかと思い、**野菜や魚にベビーフードでとろみをつけてみる**と、口当たりがよくなったのか、口をモグモグさせて食べるようになりました。

投げ捨てるほどの
野菜ぎらいをクリア

1才（女の子）

野菜が大きらいで、出すと手で投げ捨てるほど！ パンが好きなので、**野菜をすりおろしたりペーストにして蒸しパンやホットケーキにまぜたら、野菜と気づかず食べています**。

ネバネバ＆風味で
カモフラージュ

納豆が大好き。きらいな野菜も、こまかく刻んでまぜると、納豆のネバネバと風味が野菜感を消してくれるので、ペロッと食べちゃいます。たんぱく質もとれて一石二鳥です♪

食事以外で食材にふれる体験を

プランターや家庭菜園で**野菜を育てたり、スーパーで夕食の材料を選んだり、食にまつわる体験を重ねる**ことも好き嫌い克服の一手に。自分で育てた野菜、選んだ食材には愛着がわき、挑戦する気持ちがわいてきます。**食べ物がテーマの絵本を読むの**もおすすめ。

おいしそうに食べているところを見せる

食べ慣れない食材、苦手になってしまった食材は、子どもにとっては「安全じゃないかも」という不安をかきたてるもの。**信頼するママやパパのおいしそうな笑顔を見せる**ことで、**口をあける勇気**を与えて。少しでも食べられたら、たくさんほめてあげましょう。

見た目でも楽しめる工夫を

野菜を型で抜いたり、カラフルな食材を使ったりして**見た目の楽しさを演出!**ごはんを目にしたときのワクワクする気持ちが、「食べてみたい」という好奇心を刺激します。**苦手食材はごく少量を盛りつけて、「全部食べられた!」という達成感を感じさせる**のも一案です。

簡単なお手伝いで興味を広げる

食べる意欲をかきたてるには、**子どもが食にかかわるシーンをつくる**のも効果的です。**子どもは、お手伝いが大好き!** 苦手な野菜を冷蔵庫から持ってきてもらったり、皮むきをさせたりと、バリエーションはいろいろ。**「お手伝いした!」という誇らしさが、食べる原動力**になります。

Advice!

管理栄養士
上田玲子

お悩みvoice
どんなに小さく刻んでもきらいなものを見つけて食べてくれない

これは食べても大丈夫——そう思えるようにおいしそうに食べているところを見せてあげて

こんな実験があるのを知っていますか?
生後間もない赤ちゃんに、
甘み、うまみ、塩味、酸味、苦みのあるものを
ほんの少〜しなめさせてみます。
**甘みはうっとり♡　うまみも悪くないゾ♪
塩味は「あれ?」って感じだけど、
まあ受け入れてくれます。**
でも、**酸味と苦みはとってもいやがる。**
ベェッと出しちゃう子もいます。
自然界では、酸味と苦みは、
くさったり毒があったりするしるしです。
だから「こりゃ、ヤバい!」って
吐き出すんですね。

野菜ぎらいな子、多いですよね。
野菜には、すっぱさや苦さを感じるものがあります。
トマト、ピーマン、きゅうり、セロリ……。
なすやほうれんそうのえぐみも苦みに通じます。
「こりゃ、ヤバい!」と感じたものは、刻んでも食べません。
ママやパパが食べているのを見て、
**「食べても安心」と思えないと、きらいがずっと続きます。
家族でいっしょに食べる、**
みんなで楽しく食べることがすすめられるのには、
こういう理由もあるのです。
食べやすいように刻んだり、
別の食べ物をまぜて味変したり、
そういう工夫も、もちろんどんどんやってほしい。でも、
「大丈夫。くさってない。毒が入っていたりしない」
と思えるのは、**大好きなママがおいしそうに食べているから。
無理やり口に入れたりしないで、
子どもを安心させてあげてくださいね。**
何年もかかるかもしれませんが、
やがて食べるようになる子は多いものです。

きらいなもの別対処法　上田先生からアドバイス！

調理方法の
見直しで食べる
ようになることも

野菜ぎらいさん

　かんですりつぶすのが、大人の想像以上に大変な野菜もあります。**こまかく刻んだり、クタクタに加熱したり**してみましょう。葉物野菜は繊維が強くつながっていることがあるので、縦横に刻みます。

　アクをしっかりとる、**チーズやひき肉などたんぱく質食品と組み合わせる**、**油でいためてコクを出す**など、苦みやえぐみをやわらげると食べてくれることも。

旬の魚なら
脂がのって
おいしさアップ！

魚ぎらいさん

　小骨があるものはいやがる子が多いですね。あじや鮭などの**小骨は、骨抜きでしっかりとり除きましょう。**

　魚は加熱しすぎると身が縮んでかたくなるので、でき上がりにとろみのあるソースをかけるなど、**パサパサしないように調理**します。脂ののった旬の魚を焼き魚にすると、生ぐささがなくジューシーで、意外と好きな子が多いみたい。魚ぎらいさんに試してみては？

決め手は
食べやすさ！
やわらかく調理

肉ぎらいさん

　パサパサしていてかみにくい、繊維がかたくてかみ切りにくいなどの理由で、イヤイヤしているのかもしれません。

　特に、小さい子におすすめのささ身や赤身肉は、脂肪分が少なくてパサつきがち。**かたくり粉でとろみをつけたり、つなぎにパン粉をまぜたり**と、やわらかく食べられる工夫を。薄切り肉の脂身や赤身肉の**筋は、繊維を断ち切るよう細切り**にします。

牛乳以外の
乳製品で代用
しても大丈夫

牛乳ぎらいさん

　ヨーグルトやチーズで代用する、グラタンなどにして「いかにも牛乳」を避ける、などの工夫で口にすることも。人間は、おっぱいを卒業するころ、一時的に**乳糖不耐症**（乳に含まれる糖が消化吸収できない）になります。

　この状態のときに牛乳を無理に飲ませると下痢をします。**3才前後になっても牛乳で下痢をするようなら一度、小児科を受診しましょう。**

Case Study 歩き食べキッズの ごはんに密着

テーブルの周りを走り回ったり、歩きながらモグモグしたりと、食事中もまるで運動会！ママの「すわりなさい」の声もどこ吹く風。元気いっぱいすぎて困ります〜！

ゆでブロッコリー＆トマト　ハンバーグ
野菜とベーコンのスープ
ごはん

START!

いっただっきまーす♪

超ご機嫌で食卓についたやまとくんでしたが──

あれれ!? ウソでしょ??

プイッ

← ママがごはんを口に運ぼうとすると、表情が一気にくもって「ごちそうさま！」を宣言。

やまとくん(3才) & ママ
食事中もパワー全開、テンションMAXな男の子。「ひざにすわらせるとうれしそうに食べるので、最終手段は"ママのおひざ"です」

↓テーブルの周りを歌いながら走ったり、ママの隣の席にすわったりと、食事から心が離れてしまったみたい。

開始30秒で歩き食べモードに突入！

チラッ

席移動

一瞬たりとも止まりませーん！

↑ママのひざにすわると、食べる意欲が再燃するよう。「下の子が生まれて甘えたい気持ちもあるのかな？」とママ。

Advice 食事のマナーを教えていきましょう
お兄ちゃんになって、ママに甘えたい気持ちが出ているのかもしれませんね。でも、だっこで食事は卒業する時期。すわって食べられたらほめて、ごはんのあとにだっこをする、と約束するのもいい方法です。

↓まだほとんど食べていない！ママも実力行使で対抗！

ほら、すわって！

野菜を口に運ばれると全力で「イヤよ〜！」と抗議──

↓ほとんど食べ終わると、ママの腕をすり抜け、再び運動会状態に！自由です☆

再び自由！

FINISH!

↑遊びながらも30分かけてほぼ完食。ごちそうさまのあと「ハンバーグ、大好きよ」とご機嫌で報告。

「落ち着きがない」わが家ではこうしてます！

おやつも食事と同じ食器で

2才5カ月(男の子)

おやつになると、歩き食べをしたり、お皿ごと別の場所に持っていったりしていた息子。**おやつを出すときにも食事と同じお皿を使う**ようにしたら、落ち着いて食べられるようになりました。

手が汚れにくい形態を工夫しました

1才(女の子)

手づかみをしたがるので、メニューによってはぐちゃぐちゃに。**手づかみでも汚れにくいひと口おにぎりやお好み焼き、パンケーキ**を作ってあげるようにしたら私もラクになりました！

刺しやすいメニューでフォーク食べ

1才2カ月(男の子)

フォークを逆に持つのでうまく刺せず、怒り出します。**大人が手を添えて刺すところだけやってあげる**と、自分で口に運べて大喜び！　ゆでにんじんなどの刺しやすいメニューをとり入れています。

すわり心地のいいチェアを指定席に

1才(男の子)

離乳食開始2カ月はすわるのをいやがり、闘い。**ハイチェアを購入したらすわり心地がよかったのか、おとなしくすわるようになりました。**「ここにすわったら食べる」という習慣が身についたみたい。

立ち上がったら「いらない？」と確認

2才1カ月(女の子)

いすの上に立とうとしたり、降りたそうなそぶりをしたら、**「ごちそうさま？　もういらない？」と質問**して、下げるようにしました。まだ食べたい気持ちがあるときには、あわててすわり直します。

自分で食べたい気持ちを満たしてあげます

1才1カ月(女の子)

遊び食べして皿をひっくり返すことも。ミニトマトなど**手でつかみやすい食品を用意**し、思い切りやらせてあげると満足そう。そのすきを見て、ママが別皿の料理を食べさせています。

いまだけと割りきってぐっとがまん

1才4カ月(女の子)

保育園に通い始めてから、急に私のひざにすわらないと食べなくなりました。仕事で疲れているときは、重いし、ホトホト疲れますが、実母に聞いたら私もそんなときがあったそう。**いまだけと割りきっています。**

テレビは大人もがまんしてつけません

1才2カ月(男の子)

食べながら歩き回ったり、いすに数分しかすわらず、ごはんへの集中力ゼロ！　立ち上がったらごはんは片づけ、**食事に集中できるようにテレビはつけない**ようにしたら、きちんと食べることがふえてきました。

時間を決めてきっぱり切り上げる

食べ終わっていないのにソワソワ落ち着きがなくなってきたら、集中力が切れたサイン。無理して残さず食べさせようとすると、食事自体が苦痛になってしまうことも。**ある程度の量を食べていたら、潔く「ごちそうさま」を。**食事時間は20分ほどが目安です。

大人も食事中に席を立たないように

「おしょうゆ持ってこなきゃ」「ちょっと食べててね」。そんな言葉を残して、子どもをひとりにしていませんか？ **食事の前にはすべて準備をととのえ、席を立たないようにしましょう。**また、**子どもが脱走しても追いかけないで。**楽しい追いかけっこになってしまい逆効果です。

気が散るものは視界に入れない

テレビがついていたら、気もそぞろになってしまうのは当然。食べることに身が入らず、しっかりかんで味わうこともできなくなってしまいます。**おもちゃを片づけ、テレビは消し、ママも食事中にスマホなどをいじらないこと。食事どきのルールとして徹底**しましょう。

しっかり食べられたら、ほめる

「いっぱい食べられたね」「ごはんのとき遊ばないでえらかったね」とほめられることは、子どもにとっての小さな成功体験。こうした経験を重ねていくことで、落ち着いて食べる習慣が身につきます。「**おいしいね」「いいにおいね」**と会話を楽しみ、食への興味をかきたてて。

Advice!

管理栄養士
上田玲子

お悩みvoice

食事中のふらふら歩き、何度注意しても直りません

1年後には、きっと少し変わっているはず。いつか必ず直るときが来ます

何度注意しても、直らないんです。もううんざり！
そんなママは、30才になった子どもを想像してみてください。
それでも食事中にふらふら歩きしているかな？
たぶん、していませんね。想像ですけどね。

小さな子が食事に集中できる時間は10〜15分ぐらいだといわれます。
でもこれにも個人差があって、
意外と集中できる子もいれば、5分で飽きちゃう子もいる。
平均に合わせようとすると、それができないときにつらくなります。
どんなにふらふら歩き回る子も、時期が来れば落ち着いてきます。
「直らない！」と思っても、
1年後には少しは変わっているはずです。
食事中に歩きだしたら、食卓に押さえつけておくのはむずかしい。
食事をやめるか、ほうっておくしかありません。
お行儀が悪い？
大丈夫。いまできないことを無理やり教え込まなくても、
幼稚園や小学校に行くようになるころには、
友達のふるまいや周囲の目が気になるようになりますよ。

「落ち着きがない」 上田先生からアドバイス！

みんなでいっしょに
いただきまーす！

楽しくごはんを食べたいのに、
落ち着きのない子どもに
ママやパパもソワソワ。
どんなふうに対策をすれば、
席にすわって食べることが
できるのでしょう。

意外と効果があるのが
同じくらいの年の子と食べること。
ほかの子の様子を見て
「すわっていよう」と思うようですよ。
普段から、**食事は家族でいっしょに
食べるようにする**といいですね。
子どもの食事だけ別にするよりも、
楽しく食事に集中できますよ。

食事中は
おもちゃを遠ざけてみる

ごはんの準備は
みんなでいっしょに ♩

「もうすぐごはんだよ〜」と、声をかけて、
おはしを並べたり、
テーブルをふいたり、
お手伝いをしてもらうのもおすすめです。
ごはんを食べよう！ という意欲が
よりわいてくることもあります。
用意ができたら、そろって
「いただきます！」を言って
食事に気持ちを向けましょう。

ごはんに集中できるように
テレビを消すおうちは多いですね。
ところが、盲点になりがちなのが
子どもの視界に入ってくるおもちゃです。
おもちゃは子どもの目をひくように
強い色が使われていることも多く、
目につきやすいのです。
食事の前に、おもちゃも片づけて。

食事の悩み解決法
これが知りたいQ&A

Q 栄養が足りているか気になります！

A 栄養が足りているかどうかはママの目と発育曲線でチェックします

　好き嫌いが多いと栄養が気になりますよね。ちゃんと栄養が足りているのかどうか、判断する方法は2つあります。

　1つは、**子どもの様子をよく見ること**。機嫌はいいかな？　顔が青白くないかな？　元気に遊べているかな？　夜ちゃんと眠れているかな？　暮らしの中でとりたてて気になることがないなら、まずは安心。毎日子どもを見ているママの「大丈夫」「おかしいぞ」という判断は実はとっても頼りになるものなのです。発達に悪影響が出るほど栄養バランスがくずれていればきっと「あれっ!?」と感じることがあるはずです。

　もう1つは、**母子健康手帳にのっている発育曲線を定期的にチェックすること**。小さめでも細めでも、曲線のカーブに沿って数値がふえていればいいのですが、栄養状態が気になるのは、たとえばこんな線が描かれるときです。

●**身長や体重が平均を大きく下回る**
発育曲線には−2SDという（またはいちばん下の）ラインがありますね。常にここより下にラインが描かれるとき。
●**曲線のカーブの伸びがだんだん悪くなる**
数カ月単位で見たときに、じわじわとカーブの伸びが鈍っているとき。
●**曲線のカーブの伸びが急に悪くなる**
順調だった伸びが急にガクンと鈍るなど、明らかに標準とは違う伸び方をするとき。

　こんな様子が見られたら、医師に相談しましょう。栄養が足りているかどうかは、毎日こまかく気にしなくても大丈夫。1カ月ぐらいの単位で、気になる様子がないかを見ていきましょう。

Q ごはんがじょうずに食べられない

A ぐちゃぐちゃ食べが減ってくるのは3才ごろから。見守りつつ、ママもストレスを減らす工夫を

　なんでも自分でやりたいお年ごろ。当然、ごはんは自分で食べたい。親に「お口アーン」させられるのなんか、ぜったいイヤだ！　スプーンやフォークだってちゃんと使えると思いたい。

　自分でやりたがるけれど、できないことも多いイヤイヤ期。2才近くにはだんだんスプーンが扱えるようになりますが、きれいに食べるのはまだむずかしい。自力でなんとか完食できるようになるのは2才半ごろから。3才を過ぎると、ぐちゃぐちゃ食べはだいぶ減ってきます。おはしは3才ではまだむずかしい。どうにかこうにか使えるようになるのは、4〜6才ぐらいかな。

　きれいに食べることにこだわらず、成長を見守って、できたらほめて励まして。それはわかっているけれど、毎食だとストレスがたまります。手づかみできるお焼きやおにぎりを、メニューにとり入れる。寒くない時期なら、食後はシャワーでさっぱりするのもいいですね。

　床の汚れ防止には、ビニールの上に新聞紙を広げると処理がラクです。

　あれこれ知恵をしぼって乗り切りましょう。自分で食べる練習をたくさんすることで、だんだんきれいに食べられるようになってきます。

Q ごはん中はテレビを 消さなきゃダメ?

A 理想の形はわかっているけれど、 いつも完璧をめざすと 楽しくなくなります

　ごはんは家族そろってにぎやかに楽しく。テレビは消して、いっぱいおしゃべりしましょう。そういうのっていいなと思うけど、なんだかウソっぽく感じてしまう人もいるでしょう。いつもステキなCMみたいな食事をするのはむずかしい。仕事があるから子どもだけ先に食べさせちゃえ、っていう日もあるし、パートナーとケンカしてむしゃくしゃ気分なこともある。ごはんを食べながら、楽しみにしていた番組を見たいときもあります。

　理想的なごはん、正しい食事の姿はわかってる。わかっているから、なるべくそれに近づけようとがんばる。だけど、いつも正しく理想的にできるわけではありません。「正しい食事」が週に1回でも2回でもできたらえらい!　少しでも理想に近づけようと努力する、その気持ちが尊い。どんなことも「10か0か」と肩に力を入れるのではなくて、「0にはしない」をめざしませんか。1できたら2、たまに5の日、6の日もある。**楽しく食事をするためには、まず親が気分よく、楽しい気持ちでいることが大事**。親がイライラ、ピリピリしていたら、大好物が並ぶ食卓だって、子どもは楽しくありません。見たい番組があるなら、テレビがついていたっていい。「ママ(パパ)、これ好きなんだ」なんてお話ししていると、その日は子どもの食べ散らかしだって気にならないかもしれません。楽しく正しく、とがんばりすぎて行き詰まってしまったら、友だちを誘って焼きそばパーティーなんかしてもいいかも。**食事の楽しさを子どもに教える**のは、ママ(パパ)がひとりでやらなきゃいけないわけではありません。

　ときにはだれかに助けてもらったり、だれかを助けたりしながら、「ごはんは楽しいね」って子どもに教えてあげましょう。

Q ファストフードは やめたほうがいい?

A 食べさせないのがベストだけれど 利用するなら 頻度や量に一定のブレーキを

　ハンバーガーやピザ、フライドチキン。ファストフードを「ぜひ子どもにたくさん食べさせたい!」と思っている親は、たぶんいないでしょう。高カロリーだし、味は濃いし、塩分も脂肪分もたっぷり。親がファストフードになじんできた世代でもあり、今後いっさい食べない、店に入らない、というのもまた、むずかしいのが現実だと思います。小さい子どもには食べさせないほうがいいのはわかったうえで、利用するならどんなことに注意すればいいのでしょうか。

　まずは、**なるべく行く回数を少なく**しましょう。ママ(パパ)はひとりで出かけてコッソリ食べることがあってもいいけれど、子どもと行くのは友だちと待ち合わせるときだけとか、月に1回とか、お正月と子どもの日だけにするとか、実行できるルールを決めます。大きくなれば友だち同士でお店に行くこともあるでしょうが、「うちはあんまり行かなかったな」という記憶は意外と強く残り、少しファストフードから距離をおけるかもしれません。

　そして、**量はできるだけ少なく**。家庭の食事よりも、塩分・糖分・脂肪分が多くなりがちなので、濃い味に慣れすぎないためにも、量をとりすぎないように。子ども用のセットを買うよりも、親のセットから少し分けてあげるほうがいいかもしれません。

　そして、ファストフードの食事でビタミンやミネラルをとるのは、あまり期待できないことも知っておきましょう。野菜の入ったミネストローネをつけても、フライドポテトじゃなくて野菜サラダを選んでも、体にとり込まれるビタミンやミネラルは気休め程度。食事がファストフードのときは、その**前後の食事で必要な栄養を補う**ようにしましょう。

みんなのおやつ事情
子どものおやつは食事のうち

3才まではなるべく
薄味&無添加にしたい！

赤ちゃん用のおせんべいやビスケットなど、なるべく味が薄く、添加物が少ないものを選んでいます。上の子のまねをして同じものを食べたがるので、おやつ時間をずらすことも。チョコや飴は4才以降から少しずつ。
7才、4才、1才（女の子）

保育園のおやつをお手本に
簡単に手作り

保育園は手作りおやつで、レシピを貼りだしてあるので、休日は家で作ることも。マカロニをゆでてきなこをからめたり、焼きおにぎりを作ったり、簡単ですが喜んでくれます。作れないときは果物がメイン。
2才（女の子）

おやつを食べるときは
なるべく水分をいっしょに

果物やいも類などを食べさせたいのですが、お出かけ先などは手軽なスナック菓子に頼ることも多々。おやつのときに水分をいっしょにとることでむし歯リスクが低減すると聞いたので、必ずお茶や水はセットにしています。
1才（女の子）

チョコやスナック菓子が
大好きな息子

市販のスナック菓子やチョコを覚えてしまい、おやつのたびに食べたがり、スーパーで「買って！」とだだをこねることも……。ごはんにひびかないよう、量を約束したうえで食べさせる、なるべく添加物の少ないものを選ぶようにしています。　3才（男の子）

Advice!

管理栄養士
上田玲子

おやつもごはんのうち、と考えると
どんなものがいいのか想像しやすいですよ

　生まれて間もない赤ちゃんは「甘み」を喜びます。**「甘み」は命をつなぐエネルギー源**だから、本能的に食べたいんです。大人だってスイーツ、大好きですものね。だけど子どもは「太るから」とか「体に悪いかも」なんて考えません。あればあるだけ食べたくなっちゃう。ここは少し、大人が舵取りをしなくちゃいけません。

　ところで、おやつ＝お菓子だと思っていませんか？　子どもは胃が小さくて、一度にたくさんの量を食べられません。だからおやつで、**必要な栄養素やエネルギーを補う**必要があります。子どもにとってのおやつは、「補食」という食事なんです。だからおやつは、ゼリーやクッキーとは限りません。小さなおにぎりやロールサンド、バナナやふかしたさつまいも、なんていうのも、りっぱなおやつです。

　大人が甘いものでホッと一息つきたいように、**甘いもののお楽しみ**があるのはうれしいもの。お菓子なんかダメ！とはねつけるとつらくなってしまうから、量のかげんを考えていきましょうね。

やたらお菓子を食べたがる場合、家で気をつけること

お菓子の買いおきをしない

お菓子入れの箱をあけると、そこにはおせんべいやクッキーがどっさり。なくなる前に買いおきで補充すると、常にお菓子がある状態に。食べすぎが気になるなら、買いおきをやめましょう。目の前になければ、**お菓子を思い出す回数も減るはず**です。

お菓子を買うクセをあらためる

実はママもお菓子好き♡ 買い物に行くと、ついお菓子を買ってしまう。そういう人はそれを自覚して、**2回に1回はがまんする**など、クセをあらためるようにがんばってみて。お菓子売り場には誘惑がどっさりなので、棚の前は通らないようにします。

なるべく小分けのお菓子を

子どもにお菓子をあげるとき、大きな袋からザラザラ出すと量のかげんがしにくいものです。**個包装されたものや、小分けタイプのお菓子を選ぶ**ようにしましょう。子どもの目につくところには、小分けされたものだけを置くようにして。食べる分だけお皿に取り分けるのもよい方法です。

おやつの目安を知っておく

おやつは栄養を補う食事のひとつ。では、おやつはどのくらいの量なのでしょうか。1日におやつで補うエネルギーは、**1～2才で150kcal**（例・幼児用ビスケット5枚＋バナナ1/2本＋牛乳100ml）、**3～5才で250kcal**（例・幼児用ビスケット5枚＋バナナ1本＋牛乳200ml）ぐらい。目安として知っておくといいですね。

親がお菓子をだらだら食べない

ママやパパがだらだら食べているのを見れば、子どもだって食べたくなります。お菓子を食べるときは**大人も食べる分だけお皿に出して、食べ切ったらおしまい**に。どうしてもだらだら食べがしたい気分のときは、子どもが寝てからコッソリと。

おいしい幼児食レシピ
味や食感を覚えて味覚を育てる

68-71ページ
69-71ページ

料理研究家　栄養士
ほりえさわこ

料理研究家　管理栄養士
牧野直子

主食

肉や魚、野菜も一度にとれる
"ひと皿メニュー"なら、
好き嫌い対策にもお役立ち!

とろ～り濃厚な温泉卵をくずして召し上がれ
キッズビビンバ

材料（大人1人+幼児1人分）
ごはん……250～300g
もやし……100g
にんじん……3cm
ピーマン……1個
温泉卵……2個
A ┌ 塩……小さじ1/4
　└ ごま油……大さじ1
いり黒ごま……少々

作り方
1　にんじんとピーマンはそれぞれせん切りにし、もやしとまぜて耐熱容器に入れる。ラップをかけて電子レンジで2分加熱して冷まし、**A**をまぶす。
2　ごはんにごま油と塩各少々（分量外）をまぜて器に盛り、1と温泉卵をのせ、ごまを振る。大人は、好みでコチュジャンを添える。　　　　　（ほりえ）

3種の食材で飽きずに完食! 彩りもきれい♡
のの字ロールごはん

材料（作りやすい分量・6本分）
すしめし……420～450g
手巻きずし用のり……6枚
A ┌ スライスチーズ……2枚
　│ きゅうり……1/4本
　│ ねり梅……小さじ1
　└ 削り節……1袋（5g）

B ┌ 牛切り落とし肉……50g
　│ サンチュ……2枚
　│ 青じそ……4枚
　└ 焼き肉のたれ……大さじ1
C ┌ スモークサーモン……50g
　└ アボカド……1/4個

作り方
1　**A**のねり梅に削り節としょうゆ少々（分量外）をまぜ、きゅうりは棒状に2本に切る。
2　**B**の牛肉に焼き肉のたれをもみ込み、焼く。
3　**C**のアボカドは皮と種を除き、棒状に切る。
4　のりを横長に置き、すしめしの1/6量をのりの2/3まで広げる。**A**のチーズ1枚と1の梅の半量をのせ、きゅうりを芯にして端から巻く。もう1本も同様に巻く。
5　残りも同様にのりの上にごはんを広げ、2本はサンチュと青じそ、2を芯にして巻く。残りの2本はスモークサーモンと3をのせて巻く。すべてを食べやすく切る。　　　　　（ほりえ）

甘じょっぱい肉そぼろと豆乳のコクが絶妙
肉そぼろの豆乳そうめん

材料（大人1人＋幼児1人分）
そうめん……2〜3束
きゅうり……1/2本
プチトマト……3〜4個
豚ひき肉……100g
豆乳……2カップ
めんつゆ（濃縮3倍）
　……大さじ2
A┌しょうゆ、砂糖
　│　……各大さじ1
　└かたくり粉……小さじ1

作り方
1 きゅうりはせん切り、プチトマトは横半分に切る。
2 ひき肉にAを加えてよくまぜ、耐熱皿にドーナツ状に並べる。電子レンジで1分30秒加熱してフォークなどでこまかくほぐす。
3 そうめんは袋の表示の時間どおりにゆで、流水で洗ってざるに上げ、水けをきる。子ども用は食べやすく切って器に盛る。1、2をのせ、豆乳とめんつゆをまぜて回しかける。　（ほりえ）

シェルの中にたっぷり野菜がかくれんぼ♪
マカロニナポリタン

材料（大人1人＋幼児1人分）
シェル型マカロニ……100g
にんじん……1cm
ピーマン……1/2個
玉ねぎ……1/4個
ツナ缶……1缶
油……小さじ1
A┌トマトケチャップ
　│　……大さじ1
　│オイスターソース
　│　……大さじ1
　└塩……少々

作り方
1 マカロニは袋の表示どおりにゆでる。
2 にんじん、ピーマン、玉ねぎはそれぞれ細切りにする。ツナは缶汁を軽くきっておく。
3 フライパンに油を熱して野菜をいため、しんなりしたらツナを加えてさらにいためる。
4 Aを加えていため合わせ、全体がなじんだら1の湯をきって加え、からめるようにいためる。
5 マカロニの中に具材を詰めるようにして盛りつける。　（牧野）

カラフルな楽しさとクリーミーな味わいが人気
サーモンのトマトクリームパスタ

材料（大人1人＋幼児1人分）
スパゲッティ……100g
スモークサーモン……50g
アスパラガス……2本
プチトマト……3〜4個
生クリーム……1/2カップ
塩……少々

作り方
1 アスパラは根元1cmを切ってかたい皮をピーラーでむき、斜め切りにする。プチトマトは横半分に切る。
2 たっぷりの湯を沸かし、塩適量（分量外）を加えてスパゲッティをゆで、ゆで上がり2分前にアスパラを加えていっしょにゆで、ざるに上げる。子どもが食べやすいようにスパゲッティを半分に折ってからゆでてもよい。
3 フライパンにサーモンを入れていため、色が変わったらつぶすようにほぐす。プチトマト、生クリームを加えて軽くいため合わせて火を止める。
4 3に2を加えて全体をまぜ合わせ、塩で味をととのえる。　（ほりえ）

おかず

ボリュームしっかりなメインおかず、
作りおきにもおすすめな
サブおかずをご紹介。

とろみあんをからめて焼くから、しっとり！

ささ身の甘酢いため

材料（大人2人+幼児1人分）
鶏ささ身肉……3本
A ┌ トマトケチャップ、しょうゆ
　　　酢……各小さじ1.5
　　砂糖……大さじ1
　　水……大さじ3
　　└ かたくり粉……小さじ1
油……小さじ1

作り方
1 ささ身は筋をとり、縦半分に切ってか
　ら小さめのひと口大にそぎ切りにする。
2 Aはよくまぜ合わせておく。
3 フライパンに油を熱して1をいため、色
　が変わってきたら2を加え、調味料を
　からめながらよくいためる。とろみがつ
　いたら火を止め盛る。　　　　（牧野）

煮込みすぎないのがプリプリ食感とうまみの秘密

ほたてのクリーム煮

材料（大人1人+幼児1人分）
ほたて貝柱……200g
玉ねぎ……1/2個
しいたけ……1/2パック
アスパラガス……1束
プチトマト……1/2パック
バター……大さじ2
小麦粉……適量
生クリーム ……1/2カップ
顆粒スープのもと
　　……小さじ1
塩……小さじ1/4
こしょう……少々

作り方
1 ほたてを薄切りにして塩、こしょうを振
　り、小麦粉をまぶす。玉ねぎは薄切り、
　しいたけは石づきをとってそぎ切り、ア
　スパラは根元1cmを切り落とし、かた
　い皮をむいて斜め切り、プチトマトは
　半分に切る。
2 なべにバター半量をとかし、1のほたて
　を入れ、両面を軽く焼いてとり出す。
3 2のなべに残りのバターを足して玉ねぎ
　をいため、しんなりしたらアスパラ、し
　いたけを加え、生クリーム、スープの
　もとを加える。3分ほど煮たら2とプチ
　トマトを加えてひと煮する。塩、こしょ
　う各少々（分量外）で味をととのえる。
　　　　　　　　　　　　　　　（ほりえ）

ごはんにかけたり、パンにはさんでも美味！

チリコンカン

材料（大人2人+幼児1人分）
ひよこ豆（ドライパック缶）
　　……2缶
玉ねぎ……1/2個
ピーマン……2個
にんにく……1かけ
合いびき肉……150g
トマト缶……1/2缶
顆粒スープのもと……小さじ2
ウスターソース……小さじ1

作り方
1 玉ねぎ、ピーマン、にんにくはみじん
　切りにする。
2 フライパンに1とひき肉、スープのもと
　を入れてよくまぜ、火にかける。ひき
　肉の色が変わったら、ひよこ豆と水1
　カップ、トマトを加えて20分ほど煮る。
　ウスターソースや好みのスパイスで味
　をととのえる。
※ひよこ豆は、大豆の水煮缶にしてもよい。大
　人は好みでチリパウダーを加えても。

　　　　　　　　　　　　　　　（ほりえ）

削り節の風味が隠し味。白いごはんによく合います

にんじんと えのきのきんぴら

材料 (大人2人+幼児1人分)
にんじん……小1本 (100g)
えのきだけ……1パック
ごま油……大さじ1
A［ しょうゆ、みりん
　　 ……各大さじ1
削り節……1袋 (5g)

作り方
1 にんじんはせん切りに、えのきは根元をほぐして3等分に切る。
2 フライパンにごま油を熱し1を入れていため、しんなりしたらAを加えてさらにいため合わせる。
3 削り節を入れてひとまぜする。
(ほりえ)

ほのかな甘みとねっとりした口当たりがクセになる

里いものポテトサラダ

材料 (大人2人+幼児1人分)
里いも……3個
きゅうり……1/2本
ホールコーン……大さじ1
マヨネーズ……大さじ1.5
塩……適量
こしょう……少々

作り方
1 里いもは皮つきのままゆで、あら熱がとれたら皮をむいてフォークの背でつぶす。
2 きゅうりは薄切りにして塩少々を振ってもみ、しんなりしたら水けをきつくしぼる。
3 ボウルに1と2、汁をきったコーンを合わせ、マヨネーズであえて塩少々、こしょうで味をととのえる。 (牧野)

甘ずっぱいトマトのうまみが口いっぱいに♡

トマトのだしびたし

材料 (大人2人+幼児1人分)
プチトマト……1パック
だし……1カップ
しょうゆ、塩……各少々
削り節……適量

作り方
1 プチトマトはへたをとって4等分に切る。
2 なべにだし、しょうゆ、塩、1を入れて火にかける。トマトが煮えたらいったん火を止めて皮を除く。
3 弱火で好みのかたさまで煮含め、器に盛って削り節を振る。 (牧野)

※ピックやようじは誤飲の可能性もあるので、大きいものや目立つものにしたりして、子どもに注意を促しましょう。

手間なしスティックパン
朝食やおやつに最適

朝ごはんやおやつに大活躍！

料理研究家
吉永麻衣子

活発に動くようになり、必要なエネルギーもふえる時期。**3食はもちろん、おやつも大切な栄養補給の時間**です。ただし、お菓子ばかりでは栄養が偏りやすく、食事に影響してしまうことも。

そこでおすすめなのが、このスティックパンです。**材料をぐるぐるまぜて3分こねたら、一晩冷蔵庫へ**。手づか

み食べしやすい棒状に切り、トースターやフライパンで焼けば完成です。**ほどよいかみごたえでかむ力を育てるのにもぴったり。**

1回当たりの分量は、1才半〜2才は2本、3〜5才は3本程度が目安です。焼き上がったパンは、**ラップでくるんで冷凍保存も可能**です。

基本の**スティックパン**の作り方

材料（約9〜10本分）
強力粉……100g
砂糖……5g（小さじ1）
塩……1g（小さじ1/4弱）
牛乳……1/4カップ
インスタントドライイースト
　……1g（小さじ1/4弱）

1 強力粉、砂糖、塩をよくまぜる

材料はデジタルスケールなどで正確にはかり、ゴムべらでしっかりとまんべんなくまぜる。

2 牛乳、水、イーストを合わせる

ボウルに牛乳と水20mlを合わせ、イーストを加える。イーストが沈むまで2〜3分おく。

3 1に2を加え、まぜる

2の容器を軽く揺すりながら一気に1に注ぐと、イーストが残らずきれいに入る。ゴムべらで生地をまとめるようによくまぜる。

4 まとまってきたら手でこねる

生地を折りたたむようにして3分ほどこね、水分が全体に行き渡ったら完了。表面がデコボコしていてもOK。密閉容器に入れ、冷蔵庫で8時間以上おく。

5 一晩ねかせた生地をのばす

生地が1.5〜2倍にふくらんだらとり出し、めん棒で5〜7mm厚さにのばす。生地がベタつくときは、打ち粉をすると扱いやすい。

6 生地を切る

生地をピザカッターか包丁で1cm幅に切る。包丁の場合は刃を前後に動かさず、一気にカットして。

7 焼く

天板にオーブンシートを敷いて並べ、予熱なしで1200Wで7分（900Wなら11分）ほど焼く。きれいな焼き色がついたらでき上がり。フライパンなら、オーブンシートの上に並べ、ふたをして弱火で7分ほど焼く。

スティックパンのアレンジ

ヨーグルトパン

キャベツパン

バナナパン

きな粉パン

青のりパン

おいもパン

トマトパン

芳醇なバナナの甘みが
ぜいたくです
バナナパン

A ┌ 強力粉……100g
　└ 塩……1g（小さじ1/4弱）
B ┌ インスタントドライイースト……1g（小さじ1/4弱）
　│ 水……大さじ4
　└ あらみじんに切ったバナナ……20g

大豆の栄養を手軽に
とれるのもうれしい
きな粉パン

A ┌ 強力粉……90g
　│ 砂糖……5g（小さじ1）
　│ 塩……1g（小さじ1/4弱）
　└ きな粉……10g
B ┌ インスタントドライイースト……1g（小さじ1/4弱）
　│ 水……小さじ1
　└ 牛乳……大さじ4

磯の香りが食欲を誘う
和風アレンジ
青のりパン

A ┌ 強力粉……100g
　│ 砂糖……5g（小さじ1）
　│ 塩……1g（小さじ1/4弱）
　└ 青のり……10g（小さじ2）
B ┌ インスタントドライイースト……1g（小さじ1/4弱）
　└ 水……65㎖

キャベツの食感が
楽しいアクセントに
キャベツパン

A ┌ 強力粉……100g
　└ 塩……1g（小さじ1/4弱）
B ┌ インスタントドライイースト……1g（小さじ1/4弱）
　│ 水……大さじ4
　│ ゆでてみじん切りにした
　└ 　キャベツ（水けをよくきる）……30g

ほくほくのさつまいもが
ゴロゴロ入って
おいもパン

A ┌ 強力粉……100g
　│ 砂糖……5g（小さじ1）
　└ 塩……1g（小さじ1/4弱）
B ┌ インスタントドライイースト……1g（小さじ1/4弱）
　│ 水……大さじ4
　│ ゆでて皮をむき、あらみじんに切った
　└ 　さつまいも……30g

トマトの香りが
ふわっと広がる
トマトパン

A ┌ 強力粉……100g
　└ 塩……1g（小さじ1/4弱）
B ┌ インスタントドライイースト
　│ 　……1g（小さじ1/4弱）
　│ カットトマト缶詰……（あらくつぶす）
　└ 　……70g

アレンジスティックパンの作り方

1 ボウルにAを入れ、ゴムべらでよくまぜ合わせる。

2 別のボウルにBを入れ、イーストに水を含ませる。かきまぜなくても、イーストが沈むまで2〜3分待っていればOK。

3 1に2を一気に入れ、ボウルの底からまぜるようにして生地をまとめる。生地が粉っぽくてまとまらない場合は、ごく少量の水を少しずつ加えてこねながら様子を見る。

4 ある程度まとまったら、手で2〜3分こねて丸め、密閉容器に入れて冷蔵庫で8時間以上ねかせる。1.5〜2倍にふくらめばOK。

5 生地をめん棒で5〜7㎜厚さにのばし、1㎝幅にカットし、オーブンシートを敷いた天板に並べる。

6 オーブントースターで、予熱なしで1200Wで7分ほど焼く。

卒乳

卒乳のタイミング
最適な時期は子どもによりさまざま

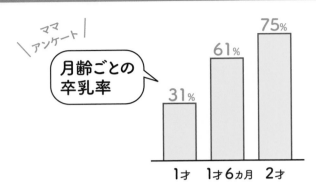

ママ
アンケート

月齢ごとの
卒乳率

31% 1才
61% 1才6ヵ月
75% 2才

平均は
1才2ヵ月

1才〜1才6カ月の間に卒乳する子がグンとふえ、2才までに75%が卒乳。でも4分の1のママは「やめる時期は子どもにまかせよう」と、オーバー2才でも授乳を続けています。

ママたちが卒乳を決意したきっかけは?

1位 「授乳がつらい」と思えてきた

「夜中に起きるのがつらい」「もう出ていないのに吸われるのがイヤ」など、ママが授乳を負担に思って卒乳に挑戦。1才を過ぎれば、すでに母乳の栄養面での役割は終わっています。

2位 ママの職場復帰を機に

職場復帰のために卒乳を決意するママも多いようです。でも、なかには勤務中はトイレでしぼって、帰宅後に授乳することを続けるママもいるようです。

3位 子どもがほしがらなくなってきた

p.76の卒乳の条件を満たしているなら、子ども側の準備はできています。ただ、テレビの音などがじゃまで集中して飲めず、ほしがらないことも。環境もチェックして。

4位 乳首をかまれて痛い

乳首をかまれて傷ができると、そこから細菌が侵入して乳腺炎になることも。幼児食で栄養がとれているイヤイヤ期キッズなら、これを機に卒乳しても。

5位 添い乳によるむし歯が心配

母乳に含まれる乳糖は、むし歯の原因にはなりません。ただし、食べかすが残った状態で母乳を飲むと、むし歯になることが。歯みがきに不安があるなら卒乳したほうがよさそう。

6位 2人目がほしい＆2人目を妊娠した

授乳中は生理が再開しないママもいます。また、乳首を吸われると子宮が収縮し、流産・早産の原因になることが。ハグや抱っこなど、授乳にかわるスキンシップを見つけて卒乳を。

7位 ママが薬を服用するため
8位 「1才の誕生日ごろ」と思っていた
9位 夜しっかり寝てほしいので
10位 おっぱいに執着して離乳食をあまり食べないので

7位以下も一定の数の人がいました。卒乳を考えるきっかけは、さまざまです。薬は授乳しても問題のないケースが多いので、自己判断せず医師に相談しましょう。誕生日も卒乳のきっかけになりますが、何才になったから卒乳すべき、ということはありません。また、卒乳すると夜泣きしなくなる子、しっかり食べるようになる子は確かに多いようです。

オーバー2才 おっぱいっ子レポート

未来ちゃん(2才) & ママ

パパと9才のお兄ちゃんとの4人家族。お兄ちゃんは混合でしたが、生後4カ月ごろから母乳をいやがり、2才まで哺乳びんで授乳。未来ちゃんは完全母乳です。

ママと
おままごと
大好き
おはしも
使えるよ
すごいね～
ママちょっと
台所行くね
ひとりで遊べるよ
つまんなく
なってきた…
そーだ!
ええ、待ってー
ママ～、
おっぱい!!

やった～
わかった
あげる
おっぱい探し
スタート!
やっぱり
かわいいわ
満足

ごはんは完食! 遊びもいっぱい。でも、口さびしくなると飲んでます

2才になったばかりの未来ちゃん。「ママ、あそぼ!」と2語文でのおしゃべりがじょうずです。おままごとのごはん作りが得意なおしゃまガールですが、実は大のおっぱい好き。**日中3～4回の授乳と夜中の添い乳**が欠かせません。「遊びに夢中のときはほしがらないのですが、私が家事をしてひとりになると、思い出すみたい。台所に『ママ、おっぱい』と呼びに来ます。**断ると足にしがみついたりして大変。飲ませちゃうことが多いです**(笑)。空腹なわけではないので、3分くらいチュッチュとすると満足みたい」とママ。「むし歯が気になるので寝る前の歯みがきはていねいにしています。**幼稚園になったら自然に飲まなくなると思う**ので、気がすむまで飲ませてあげようかな」

未来ちゃんの一日

AM			
おっぱいタイム	7:00	起床	ぼーっとテレビを見る。ぐずっておっぱいを飲むことも
	7:30	朝食	
	8:00	Eテレを見せながらママは家事をする	
	9:00	ママと遊び	
おっぱいタイム	11:00	昼寝	ママはこの間に夕食作り
PM			
	2:00	昼食	
	3:00	兄と遊ぶ	兄の習い事で外出
	6:00	帰宅、夕食	
	7:00	お風呂、テレビ、遊び	
	9:00	布団に入り添い乳	
おっぱいタイム		夜中に2～3回授乳	

食事 3食モリモリよく食べます

スプーンをじょうずに使いこなして、ごはんもおかずもモリモリ完食します。「体重のふえも順調です。好き嫌いがないので、栄養バランスがとれているのだと思います」

外遊び 外ではおっぱいなしでOK

午前中に公園や児童館に遊びに行くことも。「外にいる間はおっぱいのことを忘れているみたい。よく歩くのに、水分補給はお茶でOK。おっぱいはほしがりません」

PART 2
卒乳

卒乳スタートから完了まで
3つのチェックと4つのステップ

自然の流れに沿って親子ともにハッピーな卒乳を

授乳は母子の幸せタイム。オーバー2才で授乳しているママには、子どもが自然に離れていくのをめざしたいという人も多いようです。でも、そんな日は来るのでしょうか？ **無理する必要はありませんが、計画を立てて行うとスムーズに卒乳できることが多いようで**す。また、**実は乳離れできないのはママのほうという場合もあります。卒乳は何才までに、という決まりはありません。母子ともに授乳を満喫して、卒乳を迎えることが大切です。**

76-80ページ
東京医療保健大学
医療保健学部看護学科教授
米山万里枝

この条件をクリアしたら卒乳にトライ！

さよーならー

ばいばい

CHECK ①
 おっぱい、ミルクにかわる栄養がとれている

1日3食がしっかり食べられて、食事から栄養がとれていることが卒乳の絶対条件。コップやストローから水分を飲めることも重要です。卒乳を決めて授乳量を減らし始めたら、水分の摂取量にも注意しましょう。

たとえば
- 栄養は1日3回の食事から
- 水分はコップ、ストローを使ってとれる

CHECK ②
 ママも子どもも心の準備ができている

イヤイヤ期になれば、おっぱいだけが精神安定剤ではありません。親子で体を使って遊んだり、絵本でコミュニケーションをとったりすることも安心につながります。心の準備ができているかどうか、しっかり見きわめを。

たとえば
- ママが「もういいかな」と思っている
- おっぱいにかわるスキンシップがある

CHECK ③
 おっぱいの分泌が減ってきている

母乳を飲む量が減り、食事の量がふえていれば、それはまさに卒乳のサインです。まだ分泌量が多く、子どももゴクゴク飲んでいる時期に卒乳するのは母子ともにハードルが高いもの。2才過ぎならまず問題ないでしょう。

さっそくやってみよう

卒乳 4ステップ START!

STEP 1 卒乳の日を決める

パパや祖父母の手助けが期待できる日を「卒乳の日」に決めるといいでしょう。**カレンダーに印をつけ、実行日の数日前から数回、「この日でおっぱいバイバイだよ」と子どもに伝えます**。母乳外来で搾乳（残ったおっぱいをしぼる）してもらうなら、予約日を合わせておきます。

STEP 2 1回の授乳時間を短くする

1回ごとの授乳時間を少しずつ短くしていきます。これまで**10分あげていたのを8分**に。次は**6分**に。これを**2〜3日続けましょう**。

STEP 3 1日の授乳回数を減らす

時間が減らせたら、回数も減らします。夜はむずかしいので、まずは**昼間の回数を減らします**。ほしがったらおやつやお茶、散歩などで気分転換。**これを1週間続けます**。

乳腺の詰まりをとる方法

1 乳輪部の輪郭に指を当てる

2 乳房の奥に押し込みながら指の腹と腹を合わせるように圧力を

NG! 乳輪をひっぱってしごくと乳腺が傷つきます！

母乳は48時間以上飲ませないと、だんだんつくられなくなります。もしおっぱいが張っても、3日間はしぼるのをがまんしましょう。どうしてもつらければ、さかずき1杯程度を目安にしぼって。授乳をやめて3日目に、再び軽くしぼります。

STEP 4 思い切って3日間、与えない

これでおしまいねー

最後のおっぱいは昼までにして**「これが最後だよ」と言い聞かせます**。その後は外遊びをふやしたり、寝る前に絵本を読んだり。**寝かしつけはできるだけパパや祖父母にお願いしましょう**。

ママの体もケアしましょう

3日め

授乳をやめるとおっぱいが張ることもあります。あたためると母乳の分泌が促されるので**入浴や運動は控え、痛みが強いときは冷やす**と多少ラクになります。乳房トラブルを防ぐために、3日目には乳頭部分の詰まりをとる程度に母乳をしぼりましょう。**あらかじめ母乳外来で相談しておくと安心です**。

祝・卒乳

哺乳びんも使わずに乗り切れたら卒乳成功です。でも、子どもはおっぱいとさよならしてさびしい気持ちになっています。外でたっぷり遊ぶなど、楽しい時間をふやしてあげましょう。

卒乳お悩み解決Q&A

おっぱい編

自分の写真や鏡を見せる

鏡で泣いている顔を見せたり、自分の写真を見せたりすると「なんだ?」と興味津々。

うちわでパタパタ風を起こす

子どもはうちわの風が大好き。空気が変わるのを感じてギャン泣きがピタリと止まります。

外に出て気分転換

ベランダや玄関の外に出たとたんに、ピタッと泣きやむパターンが多いです。

泣き顔に「アワワワワ」

泣いている子どもの口に手を当ててアワワ。おかしな声に思わず笑っちゃいます。

水道の水をジャーッ

洗面所やキッチンに行って、蛇口の水をジャーッ。水の冷たい刺激が気分転換に。

困った
おっぱいをほしがって泣きやみません

A 空腹対策をしたら、あとは子どもとの根くらべ

泣いたときの基本はだっこ&おんぶ。**おっぱいが飲みたいのは空腹のせいかもしれないので**、あたためた牛乳をコップで飲ませたり、おにぎりなどの軽食を用意したりしましょう。それでも泣き続けるならパパと交代でだっこし続けて根くらべ!

Q 男の子のほうがおっぱい好きで卒乳しにくいってホント?

A 男の子のほうが幼い傾向がありますが、個人差です

確かに男の子は精神的に幼い傾向がありますが、**卒乳のしやすさ・しにくさは性別より個人差が大きいもの**。精神的に成長が早いのに、こだわりの強い子もいますよ。

Q 卒乳したのにおっぱいにさわりたがります

A 卒乳直後はさわらせないほうがいいかも

卒乳して間もないと、さわっているうちにまた飲みたくなりがち。「絶対にダメ」ではありませんが、**おっぱいにこだわらないよう、遊びで気持ちをそらして**あげましょう。

Q スパッと卒乳したらおっぱいが痛くて腕が上がりません

A 出がいい人は少しずつ減らしていきましょう

母乳の出のいい人は**時間をかけて量や回数を減らしていきましょう**。突然やめると激しい張りや痛みを伴うもの。入浴や運動を控え、冷やしながら乗り切りましょう。

困った おっぱいなしでは眠れません

A 就寝30分前には 眠る態勢に入りましょう

すんなり眠るためには、生活習慣をととのえましょう。 朝は早く起こし、日中はたっぷりと体を動かします。ギリギリまで起きていないで、**就寝の30分前には寝室へ行き、静かに背中をトントンしましょ**う。卒乳すると夜泣きが減り、朝までぐっすりという子が多いようです。

オススメ解決法

部屋を暗くして オリジナルのお話
『桃太郎』などの昔話のほか、ママのオリジナルもときどき披露します。部屋は真っ暗に。

寝かしつけは パパにお願い
抱っこ＆ユラユラでがんばってもらいます。広い背中におんぶで外に出るのも効果あり。

困った 卒乳したのに ごはんをあまり食べません

A 卒乳後も小食な子も。 不安ならいったん中止

食事の時間が楽しくなる工夫をしつつ、①おしっこがちゃんと出ているか、②機嫌はいいか、元気はあるか、③何日ぐらい食べないか、をチェック。かたくなに食べない子どももいます。栄養面が心配な場合はいったん卒乳をやめて、子どもの心を落ち着かせましょう。

オススメ解決法

雰囲気を変えて ベランダでごはん
レジャーシートを敷いて。環境が変わると楽しい気持になり、よく食べました。

かわいく切ったり おにぎりをデコったり
大好きなキャラクターや動物の形に握り、にんじんでリボン、のりで目鼻をつけると完食！

Q 寝かしつけに おしゃぶりを 与えてもいい？

A おしゃぶりを やめるときに また苦労するかも

おっぱいのかわりにおしゃぶりを与える人もいますが、**幼児期のおしゃぶりは歯並びに影響すること**も。はずすのにまた苦労するので、わざわざ与える必要はないのでは。

Q 添い乳をしていると むし歯に なりやすい？

A 食べ物のカスと 乳糖との組み合わせは 要注意

食事をしっかり食べるようになっても添い乳を続けていると、食べ物カスに乳糖がつき、むし歯のリスクが高まります。**添い乳しているならしっかり歯みがきを。**

Q 卒乳のトライ中に ママや子どもが 病気になったら？

A 体調がよくなってから 再度トライしましょう

子どもが病気になり、食べ物を受けつけないけどおっぱいなら飲めそうという場合は無理に卒乳せず、**体調がよくなってから再トライ**しましょう。ママの体調不良時も同じです。

卒乳お悩み解決Q&A ミルク編

困った ミルクをなかなかやめられません

Q ミルクはいつまで飲むもの？

A 1才過ぎたらやめてOK

　生後18カ月ごろには、母乳やミルクが25%、離乳食が75%くらいの割合になるよう、栄養面でのミルクの役割が3割以下になるのが目安。栄養面からいえば、1才以降の卒乳はいつでも可能です。ミルクをやめるタイミングは、ミルクや哺乳びんへの依存や離乳食の入りぐあい、卒乳へのさびしさなど、人によってさまざま。あせらずに子どもとタイミングを見て卒乳できるとよいですね。

Q フォローアップミルクは飲ませるべき？

A 必ずではありません

　フォローアップミルクは離乳食の補助食品なので、離乳食をしっかり食べられている子は飲ませなくてもOK。しかし、進みがよくない、好き嫌いが激しいなどの場合は、フォローアップミルクで栄養を補助できます。

Q ミルクをやめずにいると、懸念されることはありますか？

A むし歯や離乳食の進みに影響

　歯が生え始める時期に就寝前にミルクを飲むことや、哺乳びんを長時間くわえていることは、むし歯の原因になると考えられています。また、ミルクを飲ませて寝かしつけをしていた場合、寝かしつけの方法を見直す必要もあります。

A 2才前に卒乳が目安

　徐々にミルクの回数を減らしていき、毎食後、もしくは就寝前など、1日2回くらいにしていきます。2足歩行、もしくは立つところを自立とみなして、1才の誕生日前ごろから回数を減らし、2才前後で卒業をするのが1つの目安。多少遅くなることは問題なし！

オススメ解決法

中身をミルクではないものに

哺乳びんのまま中身を湯冷ましや麦茶に変更。哺乳びん好きな子には特に有効。

子どもが好きなコップやマグに

ミルクの味が好きな子は、哺乳びんをコップやマグに変更。好きなキャラクターなどで気分を上げて♪

Q ミルクをやめたら牛乳を飲ませてもいい？

A 1才まではNG、その後も要注意

　牛乳に含まれるたんぱく質が未発達な子どもの腸に負担をかけ、鉄分を摂取しにくくなるカルシウムやリンが入っているので生後1年まではNG。また、少量であれば問題ありませんが、1才未満の時期に牛乳を与え続けることで、鉄欠乏性貧血のおそれも。そして、牛乳にはアレルギーもあります。この場合、フォローアップミルクにも牛乳成分が含まれるので注意しましょう。

PART 3

朝は明るく、夜は暗く
睡眠で生活のリズムをととのえる

気持ちよく眠り、しっかり目覚め、
日中は元気に活動できる生活習慣が大事。
わかっていてもなかなかできない現実に、
どのように対応していけばよいのでしょう。
「休日もリズムを変えない」「食事の時間をずらさない」
といった工夫や自律神経をととのえるコツを紹介します。

生活リズムをつくるコツ

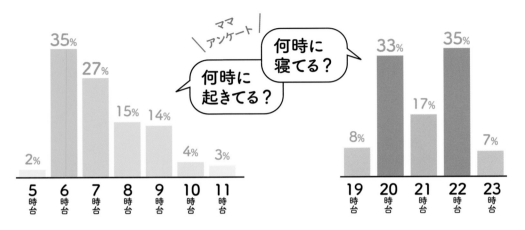

ママアンケート

何時に起きてる？

何時に寝てる？

19〜21時ぐらいまでに寝て、5〜7時台に起きている子が約半数という結果に。「早寝早起き」が何時をさすのかはあいまいですが、約半数の子は「遅寝」「遅起き」になっているよう。事情はさまざまですが、食事時間をずらさない、日中たっぷり運動させるなど、生活全体を見直してみましょう。

しっかり眠って元気に活動。よい生活習慣が大切な理由

公益社団法人地域医療振興協会
東京ベイ・浦安市川医療センター管理者
神山 潤

ヒトは本来、太陽の動きに沿った暮らしをしていた

タンザニアやボリビア、ナミビアなどに住む、電気をもたない先住民族の睡眠時間は、夏より冬のほうが長いという研究論文があります。なぜでしょうか？　それは、冬のほうが太陽の沈んでいる時間が長いから。彼らは「21時に寝て6時に起きる」のではなく、「日没の3.3時間後に寝て、日の出前に起きる」暮らしをしています。当然、冬のほうが寝つく時間は早く、起きる時間は遅くなる。夏より睡眠時間が長くなるわけです。

人工的な照明や音の刺激がなければ、人間は本来このように太陽の動きに沿った生活をしてきたのだと思います。現代の暮らしではむずかしい部分もありますが、ヒトの本来のあり方にあまり逆行するのは、本能的によくないと感じます。特に幼少期は、生活の基礎を築く時期。この時期の睡眠を軽視してはいけません。

子ども時代の睡眠の質が将来を決定づける!?

子ども時代の特性は、大人になっても影響するというデータがあります。

たとえば、1960年代に行われた"マシュマロテスト"は、子どもにお菓子を与えて、いますぐもらうか、15〜20分待ってもっと多くもらうか、選択肢を与えて反応を見るテストです。このときにがまんできた子はのちに、いろいろな分野で成功したという結果が出ています。

同時期に行われた"ペリー幼児教育計画"では、**幼稚園の段階で手厚く保護されケアされた子どもは、40才になったときに高収入だったり逮捕歴が少なかったりしています。**

がまんする、情動をコントロールする、がんばってやりとげる、相手を思いやる——こういった能力は、まさに人間らしさの象徴ですが、それをつ

かさどっているのは脳の前頭前野です。マシュマロテストやペリー就学前プロジェクトの結果を見ると、4～5才が1つの区切りなのかな、と思います。この時期までに、**前頭前野がしっかり働けるようにしてあげることがとても大切。そして、前頭前野の働きは、睡眠不足になるとガックリと落ちてしまうのです。**

　気持ちよく眠り、しっかりと目覚め、午前中から元気に活動できる生活習慣は、子どもにとってかけがえのない宝物です。まだ昼夜の区別もつかない赤ちゃんのときから、にぎやかな日中、暗く静かな夜を交互に経験して、ヒトは体内時計をととのえていきます。夜遅くまでテレビを見る、スマホでゲームをするなど、大人のリズムに子どもを引きずり込まないように心がけ、どうぞわが子に人生の宝物を手渡してあげてください。

生活リズムをうまくつくる4つのコツ

早寝早起きではなく「早起き早寝」

まずは「早起き」をめざしましょう。決まった時間に起きて太陽の光を浴びると、体はきちんと目覚めます。そして昼間に思いっ切り活動させれば、夜は心地よく疲れてすんなり眠りに入れるはず。なんとなくグズグズとテレビを見ていたりすると眠れるタイミングをのがし、"遅寝"になってしまうので注意して。

リズムがととのっても「遅寝遅起き」はダメ

20～6時でも23～9時でも睡眠時間は同じ10時間。でも遅寝遅起きは人間本来のリズムではありません。早起き早寝を基本にしましょう。ただし「早起きさえすればよい」はまちがい。子どもは「早く起こして、昼間は活動させ、夜も早く寝かせる」こと。遅寝早起きの睡眠不足にならないように気をつけましょう。

朝は明るく、夜は暗く

朝はカーテンをあけて朝日を浴び、生体時計をリセットして1日を始めましょう。問題は夜。現代は照明が発達したおかげで夜が明るく、人々も活動的でにぎやかです。明るい蛍光灯の下から寝るときだけ暗い寝室に連れていくのではなく、リビングの明かりを間接照明にするなど、夜が明るすぎない工夫を。

午前中の機嫌がいいことがポイント

人間の生来のリズムでは、午前午後ともに2～4時に眠くなることがわかっています。ですから、朝起きて、午前中いっぱいを元気に過ごせるかどうかがポイントです。「朝は6時に起こすのか、7時に起こすのか」と悩むのではなく、午前中のいつが機嫌がいいかどうかで睡眠の質や量を判断しましょう。

よい睡眠のための
工夫&スケジュール

夕方ぐずっても
絶対に寝かせない

夕方ぐずると、つい寝かせたくなりますが、寝かせずにお風呂へ。18時半はお風呂、20〜21時はねんねのリズムが定着し、自分の時間がもてるようになりました。　**2才7カ月**(男の子)

夜の外出を控える

夜出かけると機嫌が悪くなり、寝つきも悪くなります。そのことに気づいてから、16〜17時には出先から家に帰るように。夜は20時台に寝ています。　**1才6カ月**(男の子)

夜は外出をしないように心がけました。そして毎日、同じ時間に寝かしつけ。そのおかげかどうかわかりませんが、夜泣きをしたことは一度もなし♡　**2才2カ月**(女の子)

夜は決まった時間に
必ず布団へ

読みたい絵本を本人に選ばせて、消灯前に1冊読みます。読み終わったらいっしょに布団に入り、20〜20時半には消灯。ゴロゴロしながら話しているうちに自然と寝ます。　**1才8カ月**(女の子)

入浴時間を
厳守する

入浴の時間を17時半〜18時半に。お風呂から上がったら、ごはんを食べて19時ごろに寝る、というリズムが早いうちからととのったので、寝かしつけはスムーズなほう。　**2才4カ月**(男の子)

休日もリズムを
変えない

休日も、平日と同じスケジュールで動きます。毎日決まった時間に寝て（21時）、起きる（7時）ので、家族みんながストレスなく過ごせています。　**1才5カ月**(女の子)

寝る前30分は部屋を
暗くして静かに過ごす

昼はしっかり遊ばせて、寝る30分前から暗い部屋でのんびり。朝までぐっすり眠るようになり、自然に卒乳につながりました。早めに寝てくれると、自分の時間もとれてラク。　**1才8カ月**(男の子)

寝る前には決まった儀式を

寝る前の絵本を習慣にしたら、不思議と夜泣きがなくなりました。「ノンタンシリーズ」など、明るい雰囲気の絵本が好き。楽しい気持ちで夢の中へ。　**2才**(女の子)

部屋を暗くし、歌を歌いながら、やさしい香りのオイルでマッサージ。これがルーティンになってからは、5分ぐらいで寝てくれます。**1才8カ月**(男の子)

お昼寝のタイミングと長さに注意

20時に寝かせるのが目標です。そのためには午前中にたっぷり遊び、お昼寝は午後早めに切り上げます。これで、夜も早く寝られるようになりました。　**2才9カ月**(男の子)

「お昼寝は15時までに起こす。長くても2時間まで」と決めています。これを実行するようにしたら、就寝時間がそれまでよりもグンと早くなりました。　**2才4カ月**(女の子)

食事の時間をずらさない

朝7時半、昼12〜13時、夜18〜19時と食事の時間を毎日同じにしたらリズムがととのい、夜もすっと寝てくれるようになりました。夜に自分の時間がもてるのがうれしい。　**3才**(男の子)

なるべく午前中に 活動する

お散歩や支援センター、買い物など、なるべく午前中に活動を入れてお日さまを浴びるように。おかげでお昼寝はぐっすり、食欲は旺盛で規則正しいリズムになりました。　**1才8カ月**（女の子）

寝る少し前に お風呂へGO！

体温が下がるときに眠くなると聞いたので、寝る1時間くらい前に入浴し、体をあたためています。日課にもしやすく、ぐっすり寝てくれる。　**2才**（男の子）

テレビをつけるのは 17時ごろまで

テレビがついているとブルーライトも気になるし、大人も子どもも行動がダラダラしがち。音楽やラジオをつけて、テレビは夕方でオフ。　**2才6カ月**（女の子）

1〜3才 1日の過ごし方 Sample

1才

時刻	予定
7:30	起床
8:00	朝食
9:00	おうち遊び
10:30	朝寝
12:00	昼食
13:00	外遊び
14:00	おやつ
15:00	お昼寝
17:00	お風呂
18:00	夕食
20:00	就寝

2才

時刻	予定
7:30	起床
8:00	朝食
9:00	おうち遊び
10:00	散歩
12:30	昼食
14:00	お昼寝
16:00	おやつ
17:00	おうち遊び
18:00	お風呂
18:30	夕食
20:30	就寝

3才

時刻	予定
7:00	起床
7:30	朝食
8:00	幼稚園
14:00	帰宅
15:00	おやつ
17:00	お風呂
18:00	夕食
20:00	就寝

子どもの自律神経をととのえる

自律神経が正常に働かない子どもがふえている！

86-91ページ

文教大学教育学部特別支援教育
専修教授、小児科専門医、
子育て科学アクシス代表
成田奈緒子

なんとなく体がだるいとき、気持ちが不安定なとき、「自律神経が乱れているのかも」と考えたことはありませんか？ 「わけもなくイライラしているのは自律神経の不調かも？」「冷えは自律神経の働きを鈍らせるから要注意！」。健康情報をチェックしていると、こんなフレーズもよく目にします。

でも、そもそも「自律神経ってどこにあるの？」「どんな役割をしているの？」と問われると、答えに詰まってしまう人が多いのではないでしょうか。

自律神経とは、私たち人間が生きるためになくてはならないもの。 心臓が休みなく血液を送り出しているのも、胃や腸が食べ物を消化できるのも、すべて自律神経が働いているからです。暑ければ汗をかいて体温を下げ、寒ければ毛穴をキュッと閉じて体温を逃がさないようにします。意識しなくても自然と体が反応してくれるのは、自律神経のおかげです。

ところがいま、自律神経が正常に働かない子どもがふえています。**朝はグズグズしてなかなかすっきり起きられない、いつもなんとなく食欲がない、すぐに疲れてぐったりしてしまう。病気ではないのに、なんとなく不調があって、体調がすぐれない、**そんな状態です。

子どものこうした症状は、自律神経失調症のひとつで、起立性調節障害と呼ばれます。起立性調節障害に悩む子どもは、小学生では5％、中学生では実に10％にも上る、というデータも報告されています。「成長途中の子どもにはよくあること」「病気というほどのことじゃないから」とあなどってはいけません。

自律神経がうまく働いていないということは、子どもの成長がおびやかされているということ。けっしておおげさではなく、そのくらいの危機感をもつべき状態なのです。

まずは下のチェックリストで確認してみましょう。**3つ以上当てはまった場合は、お子さんの自律神経が乱れている可能性が大です。**

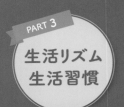

子どもの自律神経の乱れチェックリスト

- ☐ 立ちくらみやめまいがする
- ☐ ずっと立っていると気分が悪くなる。ひどいときは倒れてしまう
- ☐ 少し動くだけでも動悸や息切れを感じる
- ☐ 朝、なかなか起きられず、午前中は元気が出ない
- ☐ 顔色が青白い
- ☐ 全身に倦怠感、だるさを感じる
- ☐ 食欲がない。何を食べてもおいしくない
- ☐ 緊張すると、トイレに行きたくなる
- ☐ しばしば頭痛や腹痛を訴える
- ☐ 乗り物酔いをしやすい

自律神経の基地はどこにある?

全身に張りめぐらされた自律神経ですが、その出発点は脳の視床下部という場所にあります。自律神経の基地のすぐ近くには、脳幹や大脳辺縁系、小脳など、食欲、睡眠、ホルモン分泌などをコントロールするパーツが集まっています。これらは自律神経とも密接にかかわっていて、お互いに影響し合っていることがわかっています。ここは脳の芯にあたる部分。自律神経のほかにも生きるために必要な装置が密集しているので、この本では"体の脳"と呼ぶことにします。

人間の脳は18才ごろまで成長を続け、高度に発達していきます。発達のプロセスは必ず決まっていて、どの子も同じです。

最初に発達するのは、自律神経の基地もある体の脳で、0～5才くらいにグングン発達します。体の脳が担当するのは、食べる、寝る、動く、呼吸する、快・不快を感じるなど、生きるための土台となる機能です。

体の脳から少し遅れて1才ごろから発達を始めるのが、"おりこうさん脳（大脳新皮質）"です。言葉の獲得、知識をため込む、スポーツや楽器演奏のテクニックの習得などにかかわっています。

最後に10才以降になって育ち始めるのが"心の脳（前頭葉）"。体の脳からおりこうさん脳の中の前頭葉につながる、矢印で示した神経回路の部分です。主に論理的思考力を担当します。

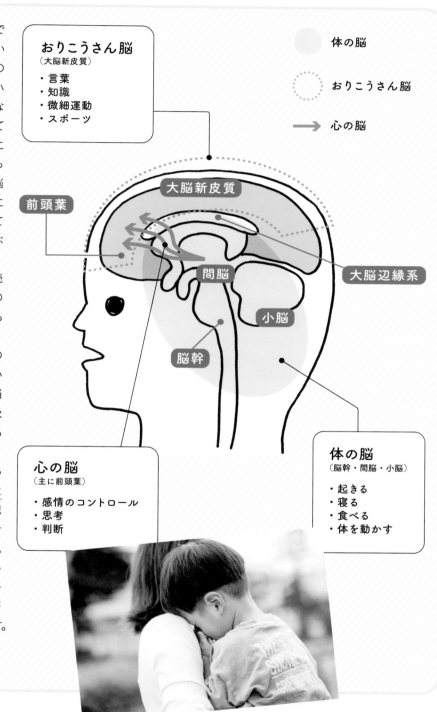

おりこうさん脳
（大脳新皮質）

・言葉
・知識
・微細運動
・スポーツ

◯ 体の脳

◌ おりこうさん脳

→ 心の脳

大脳新皮質

前頭葉

間脳

大脳辺縁系

小脳

脳幹

心の脳
（主に前頭葉）

・感情のコントロール
・思考
・判断

体の脳
（脳幹・間脳・小脳）

・起きる
・寝る
・食べる
・体を動かす

自律神経をととのえる 基本の生活習慣

自律神経をととのえる 「早寝早起き朝ごはん」

　赤ちゃんのころは、どの子もみんな自律神経が未熟。眠くなっては泣き、おなかがすいては泣き、24時間おかまいなしに親の手を必要とします。自分では何もできない新生児ですが、五感をフル稼働させて刺激を受けとり、脳に情報を送っています。生後4カ月ごろには昼夜の区別がつくようになり、1才ごろには歩けるようになり、少しずつ言葉も出始めます。保育園、幼稚園に入園するころには「まるで小さな大人みたい」と周囲を感心させる子も多いでしょう。ただ、どんなに大人びて見えても、体の内側や脳は成長途中。自分で自分の生活を律して、コントロールできるまでにはまだまだ時間がかかります。**子どもの生活をととのえるのは、親の役目です。小学校低学年までは、勉強よりも習い事よりも、基本の生活を大事にしましょう。**

　「早く起きて！」「ちゃんと残さず食べなさい」「いつになったら寝るの！」。こんなふうに子どもをしかりつけていませんか？

　毎日のようにカミナリを落としているのにちっとも直らないと、なかばあきらめモードになっている人もいるかもしれません。でも、もし毎日、お母さんがガミガミ言わなくてはならない状態だとしたら、それは自律神経がきちんと育っていないことが原因かもしれません。

　自律神経が働いていれば、お母さんに起こされなくても自分で機嫌よく目覚めるものです。おなかがすいてたまらないので、朝ごはんもたっぷり食べます。夜になれば自然と眠くなり、布団に入るなり気持ちよく眠りの世界へ吸い込まれていくでしょう。「そんなの夢みたい！」と思うかもしれませんが、これが動物としての本来の姿。親に「寝なさい！」「食べなさい！」と追いかけ回されている野生動物なんて、どこにもいませんね。生き延びるための本能が発達していれば、親に強制されなくても自分から食べたい、眠りたいと感じ、行動するものです。

　では、たくましく生きるために不可欠な本能や自律神経をどう育てるか？　答えはとても簡単です。**早寝早起きを徹底すること。そして朝ごはんをしっかり食べること。**当たり前のようにいわれていることですが、忙しい現代社会ではこれがなかなかむずかしくなっています。塾や習い事などで子どもだって忙しく、大人は仕事に家事に育児にと分刻みで追われるような生活。「優先順位1位は早寝早起き朝ごはん！」と肝に銘じていないと、つい就寝時間は遅くなり、睡眠時間を確保するために朝はギリギリまで寝る、という生活になりがちです。大人はたとえ寝る時間がまちまちでも、睡眠時間が足りなくても、次の日の予定に合わせて目覚ましをセットして起きられます。でも、子どもはそうはいきません。必ず自律神経に影響が出て、不調のサインがあらわれます。それを「やる気がない！」と怒られてしまったとしたら、こんなつらいことはありません。

　朝起きてから夜寝るまでの1日の中で、どんなシーンで子どもの自律神経が刺激されているのかをチェックしていきます。どれもきょうから始められることばかり！　自律神経にいい生活にシフトすると、子どもは驚くほど変わります。

とり入れやすい！ いいこと習慣

起床後は、窓をあけて朝日を浴びる

↓

① 朝日で交感神経にスイッチが入る

② 体内時計がととのう

朝ごはんは王様のようにモリモリ食べる

↓

① 活動に備えて脳と体にエネルギーを補給

② 朝食重視の生活スタイルで朝型に

あごを動かしてしっかりかんで食べる

↓

① 消化酵素が分泌され、消化を促進

② かむ動作が自律神経を刺激！

会話を楽しみながら食べる

↓

① 食べることは楽しい、という原始的本能を刺激

② リラックスして消化酵素が分泌される

ぬり絵や粘土、工作などの創作活動をする

↓

① 創作に没頭するうちに、呼吸が深まる

② ストレスにもへこたれない自律神経に

1日1回はギュッとハグしてスキンシップ！

↓

① 緊張がほどけて副交感神経が活性化

② 愛情ホルモンが分泌されて、心が安定する

夕食は、就寝の1〜2時間前までに終える

↓

① 寝るまでに消化が進む

② 眠りにつきやすくなる

夜8〜9時には電気を消して寝る準備をする

↓

① メラトニンが分泌されて眠くなる

② 副交感神経が優位になってぐっすり眠れる

自律神経をととのえる
ぐっすり眠り、すっきり起きる

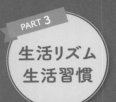

子どもの寝不足は危険！
睡眠ファーストの子育てをしましょう

　子どもにとっての睡眠は、単なる休息ではありません。睡眠は、脳の発達にも大きな役割を果たしています。よく「寝る子は育つ」といいますが、まさにそのとおり。親は、子育てにおける睡眠の重要度をしっかり理解しておく必要があります。

　日本に暮らす子どもたちは世界的に見ても睡眠時間が短く、寝不足ぎみであると報告されています。日本全国の小学生の平均睡眠時間は8時間15分（「幼児健康度に関する継続的比較研究」日本小児保健協会 2011）。「8時間寝ても足りないの？」と驚いたお父さん、お母さんも多いかもしれませんね。子どもたちに必要な睡眠時間はどのくらいだと思いますか？　小学生の理想の睡眠時間は、おおよそ10時間。全国平均では、必要な睡眠時間に2時間も足りません。

　なぜ、子どもは大人よりもたくさん眠る必要があるのでしょうか。睡眠の仕組みから考えてみましょう。睡眠には、ノンレム睡眠とレム睡眠の2種類があります。ノンレム睡眠は、脳や体を休めるための睡眠です。深い眠りで脳と体の疲労回復を行うとともに、成長ホルモンを大量に分泌して成長期の体をつくっています。ノンレム睡眠のあとには、レム睡眠がやってきます。目覚めてはいないものの、記憶の整理と定着のために脳は活発に活動！　ストレスを緩和する働きもしています。一晩でノンレム睡眠とレム睡眠を4〜5回くり返すのが、じゅうぶんな睡眠時間の目安です。大人はノンレム睡眠とレム睡眠がおおよそ90分周期に定まっていますが、子どもの場合はまだこのリズムがととのっていません。**効率よくノンレム睡眠、レム睡眠を交互にくり返せないため、大人よりも長めの睡眠が必要なのです。**

　睡眠不足の弊害は、さまざまなところにあらわれます。

　寝不足が続けば、とりきれなかった疲労が少しずつたまっていきます。疲労が蓄積すると、日中も交感神経の活動が活発になりません。交感神経がちゃんと働いてくれなければ、危険に直面したときもとっさに適応することができません。睡眠不足は、子どもの命にかかわることでもあるのです。

　また、日中、一生懸命勉強しても、睡眠が足りなければ学んだことを記憶として定着させられません。睡眠が足りないばかりに、勉強に対する苦手意識が芽生えてしまうことだってありえます。

　さらに、睡眠には、論理的思考力や感情の安定に欠かせないセロトニン神経を育てる働きもあります。年齢に合った正しい睡眠がとれていないために、「キレやすい」「ちょっとのことで心が折れてしまう」といったもろさをかかえてしまう子も……。

　「うちの子、睡眠不足かも！」と気づいたら、それが悪循環から抜け出す第一歩です。脳の神経回路や自律神経は、何才からでもつくり直すことができます。ただし、「早く寝なさい！」「夜ふかししたらダメ！」としかるだけでは、なかなか習慣は変わりません。親子で「睡眠ファースト」の生活を送ることが大事！　子どもはもちろん、お父さん、お母さんの生活の質もグンと向上するはずです。

とり入れやすい！ いいこと習慣

**朝は
6時には起きて
朝時間を活用！**

↓

❶
家を出るまでに
交感神経が優位に切り替わる

❷
頭がクリアだから
何をやるにも集中力が高い！

**早起きが
苦手な子には
「朝ミッション」を**

↓

❶
早起きの
モチベーションになる

❷
大人に頼られ
自尊心が高まる

**休日の寝だめは
逆効果！
平日のリズムを守って**

↓

❶
安定して
良質な睡眠がとれる

❷
月曜日の朝も
起きるのがつらくなくなる

**夜ふかし厳禁！
睡眠が大事なわけを
子どもに教える**

↓

❶
自分から布団に
入るようになる

❷
睡眠が大事と
子ども自身が理解する

**時間のない夜は
シャワーにして
睡眠時間を優先させて**

↓

❶
食後にゆったり過ごせる
時間がふえる

❷
寝るまでに体温が下がり、
寝つきがよくなる

**寝る1時間前からは
テレビやスマホを
見せない**

↓

❶
メラトニンの分泌をじゃまする
光刺激をシャットアウト

❷
眠りの質がよくなり、
ぐっすり安眠

**寝る前に
ほんのり甘い
ホットミルク**

↓

❶
リラックスして
副交感神経が優位に

❷
ノンカフェインだから
睡眠に影響しない

外遊びで早寝早起き
子どもが遊ぶことの大切さ

92-94ページ

日本体育大学体育学部教授
体育学部長
野井真吾

睡眠のキーワードはメラトニン
日中と夜の過ごし方を見直しましょう

「早寝早起き・朝ごはん」は大切だけれど、実践するのはむずかしい。
必要なのは「光・暗闇・外遊び」。
なぜこの3つが大事なのか、その理由はメラトニンにありました。

昼間の光を浴びるとよく眠るようになる

　子どもがたくさん外遊びをした日は、夜はすんなり、よく眠ります。これは、体を使って疲れているからですが、もっと大きな理由は、**日中に浴びた光の影響**によります。光を浴びることで、眠る時間にメラトニンというホルモンがたくさん分泌されます。**メラトニンは眠けを誘うホルモンなので、寝つきがよくなる**というわけです。

　歩くことができない0才児でも外に出ることが大切なのは、昼間の光を浴びるため。**室内にいたとしても、日当たりのよい窓際にいるほうがメラトニンは多く分泌される**という研究結果があります。子どもの体調がすぐれなかったり、何かの理由で外に出られなくても、室内の日の当たる場所で過ごすほうがよいのです。

　2才くらいまでの子は体内時計が不安定で、きちんとしたリズムを刻むことができません。**朝決まった時間に起きて元気に活動し、夜は眠って体を休めるというリズムをととのえるためにも、太陽の光を浴びることが大切**です。大人にとっても、光を浴びることはよい効果をもたらします。

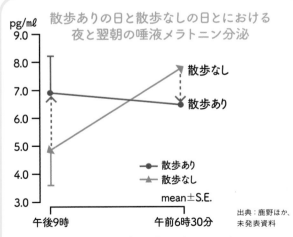

散歩ありの日と散歩なしの日とにおける
夜と翌朝の唾液メラトニン分泌

pg/mℓ

9.0 — 8.0 — 7.0 — 6.0 — 5.0 — 4.0 — 3.0

散歩なし
散歩あり

● 散歩あり
▲ 散歩なし

mean±S.E.

午後9時　　午前6時30分

出典：鹿野ほか、
未発表資料

散歩をしなかったグループは、夜より朝のほうがメラトニンの分泌が多かった。そのため、夜は寝つきにくく、朝は眠いままで、「早寝早起き」がむずかしくなる。

夜間に光を浴びると寝つきにくい

日中に光を浴びたら、次に大事なのは夜間の光です。**夜の光刺激もメラトニンの分泌に大きな影響を及ぼす**からです。寝る前に強い光を浴びると、メラトニンの分泌が抑制されます。さらに、子どもは大人にくらべて光の影響を受けやすいとされています。

部屋の照明を、白色系の電球から暖色系に変えるだけでも効果があります。寝る前の1時間は部屋の電気の一部を消す、一定の時間になったらテレビを消すことも、生活のリズムをつくることにつながります。

夜はごはんを食べたらお風呂に入って着替える、読み**聞かせをする、その後は眠る、という「わが家のパターン」**ができるとよいでしょう。3才までの子であれば、テレビを消す時間は夜8時が理想です。しかし、大人の事情もあります。テレビの音を小さくする、子どもが寝る時間はいったんテレビを消すなどの工夫もよいでしょう。

一度できた生活のリズムが、週末や休暇、年末年始などで一時的に乱れることがあります。それはしかたのないこと、あまり神経質にならずに、もう一度リズムをとり戻せばよいのです。早寝早起きのコツはまずは早く起きることから、と心得ておきましょう。

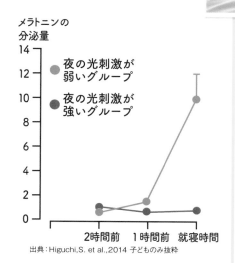

寝る前に動画を見ることを習慣にしない。就寝の準備は目に入る刺激を少なくする方向で調整を。

夜の光刺激とメラトニン

メラトニンの
分泌量

- 夜の光刺激が弱いグループ
- 夜の光刺激が強いグループ

14
12
10
8
6
4
2
0

2時間前　1時間前　就寝時間

出典：Higuchi,S. et al.,2014 子どものみ抜粋

光の刺激が強かったグループは、メラトニンの分泌量が少ない。

雨の日の過ごし方

雨が多い時期、なかなか外に出られず子どもは体力をもてあまして寝なくなる。大人はイライラ!?　でも大丈夫、**雨の中だってお散歩に行ってよいのです。**歩ける子であれば、**長靴をはいて、レインコートを着て、寒い日はしっかり防寒をして**出かけます。遠くまで行かなくても、近所を一周するだけでも気分が変わります。

水たまりに入って感触を楽しんだり、すこしくらい服がぬれてもよいのです。**雨の日にしかできない経験、その季節にしか味わえないジメジメした湿気やにおい**もあることでしょう。小さいころに、靴の中がぬれると気持ちがわるい、靴下がぬれたままだと足が冷えるということも、経験するからわかることです。

遊びの中で幼児がもつ独自の世界を大切に

小学生のメラトニンの分泌量を調べたところ、夜9時半より朝6時のほうが多いことがわかりました。この調査結果は、朝起きられないことを示しています。

小学生をキャンプに連れてゆき、**日中は外で活動して、夜はぐったり疲れて眠る、朝は自然に早起きをして朝ごはんを食べる**という生活をしました。その結果、**3日後にはメラトニンの分泌量のピークが夜9時半に変わりました。**これが、**夜になれば眠くなるサイクル**です。日中の過ごし方がいかに大切かがわかる結果です。

体を動かすために、小さいころからサッカーや野球を習わせる親がいますが、未就学児におすすめなのは、ルールがあるスポーツよりも、純粋な遊びです。0才の赤ちゃんは「いないいないばあ」に反応して喜びます。すこし大きくなると「高い、高い」、2〜3才になると「おまま

ごと」や「電車遊び」、もうすこし大きくなると「かくれんぼ」や「鬼ごっこ」。**子どもが好きな遊びは、時代が変わっても受け継がれている伝承遊びです。**

スポーツは、大人が大人のためにつくったものなので、子どもが楽しいと感じるとは限りません。子どもは、こっそりせまいところで遊んだり、大人から見ると意味のないことをくり返したり、「○○になったつもり」で遊ぶことを好みます。幼児には幼児だけの世界があり、その中で遊んでいるのです。

もしも**子どもが、ひとりでおしゃべりしたり、あるいは黙々と何かをしたりしていたら、それは彼らにとって大事な時間**です。危険なことでないかぎり、声をかけずにできるだけそっとしてあげてください。

子どもには発達欲求があり、みずからを成長させる力をもっています。大人が作ったものを与えすぎず、**子どもの世界を大切にすることが創造性を育む**のです。

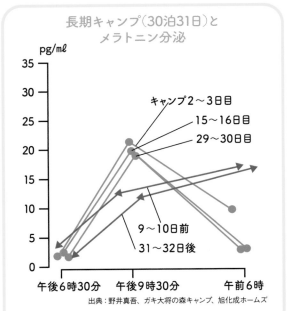

長期キャンプ（30泊31日）とメラトニン分泌

pg/mℓ

キャンプ2〜3日目
15〜16日目
29〜30日目
9〜10前
31〜32日後

午後6時30分　午後9時30分　午前6時

出典：野井真吾、ガキ大将の森キャンプ、旭化成ホームズ

キャンプ前には、メラトニンの分泌量は夜より朝のほうが多かったが、キャンプ生活のわずか2〜3日目で、就寝時にもっとも多く分泌されるようになった。しかし、キャンプ後には元に戻ってしまった……。

1〜3才におすすめ！親子で外遊び

動き回るのが大好き！

活発タイプ

つかまらないぞ〜

つかまえた！

ケンケン

パッ！

カンカン

つかめそうでつかめない！
しっぽ鬼

パンツのウエストにひもやハンカチなどをたらし、それをとったら勝ちというゲーム。はじめはママにしっぽをつけて、走る速さを調整しながら、"とれそうでとれない！"を楽しもう。

ママのエクササイズにも！
ケンケンパッ歩き

1〜2才は片足で立つだけでも至難のワザ。ママの「ケンケンパッ」のかけ声に合わせて親子でLet's try！慣れてきたら、スタートからゴールまでいっしょに行ってみるのも楽しい♪

プラスひと工夫で盛り上がる
カンカン♪すべり台

すべり台に踏み切りがあるように、子どもが下りてきたら「カンカンカン、○○ちゃんが通りま〜す」と言ってママが腕を下ろします。ひとりですべるのを怖がる子もがんばれるかも！

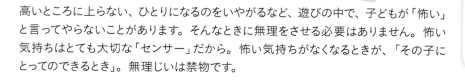

高いところに上らない、ひとりになるのをいやがるなど、遊びの中で、子どもが「怖い」と言ってやらないことがあります。そんなときに無理をさせる必要はありません。怖い気持ちはとても大切な「センサー」だから。怖い気持ちがなくなるときが、「その子にとってのできるとき」。無理じいは禁物です。

お砂場セットがなくてもOK

ボトル砂遊び

使い捨ての飲み物ボトルが、シャベルにもコップにも早変わり！ 口が小さいので、頭を使って工夫しながら砂場遊びができます。石を入れて振ればマラカスのような楽器に。

自分だけの大切な時間

ひとりで砂遊び

道具が何もなくても、子どもがひとり砂場で砂をいじったり、すくったり、砂山を作ってはこわしていることがあります。大人にはその意味がわからなくても、砂の感触を楽しんでいるかもしれませんし、自分で作ったお話の中に没頭しているのかもしれませんね。

あった！

おやつを帰るきっかけに！

宝探し

おかしを袋に入れておき、ママが木の陰などに隠します。「どこにあるかな」など、声をかけながら宝探し！ 公園から帰るのをいやがる子は、見つけたおやつを食べながら帰っても！

いっぱい
見つけたよ

どこでもスケッチブックに

自然de
お絵描き

袋に葉っぱや石、木の実など、探検気分で好みのものを集めるところからスタート。集めたものを地面に広げて、顔や動物など、自由に描いてみましょう！ 作品は写メで記念に♡

見つけた！

悪天候でも体や手先を動かそう

おうち遊び

ブーン

大人にとってもいい運動に♪
おうまさん＆飛行機

背中や足に子どもをのせて、動いてあげると大喜び！ 飛行機は足の裏ではなく、すねの部分に子どもをのせるとより安定します。カーペットの上でやるなど、危険のないよう配慮が必要。

思いのままに描くのが楽しい
クレヨンお絵描き

1才でもクレヨンを持つことは可能。3才ごろから顔を描けるようになる子もいます。クレヨンだと刺す・切るなどの危険度は低いですが、なめてしまう可能性もあるので要注意。

子どもでも簡単に破れる
新聞ビリビリ

保育園の遊びでもとり入れられているこの遊び。新聞がない場合、チラシやいらない紙でも大丈夫ですが、指を切らないよう注意。 切った紙をぐちゃぐちゃにするのも楽しい！

ビリビリ

こまかい指の運動になる
洗濯バサミパッチン

丸く切った厚紙や紙皿に洗濯バサミをはさんだり、とったりする遊び。洗濯バサミを「はさむ」という行為が1〜2才の子にはほどよくむずかしく集中。紙皿に顔を描いてもかわいい。

高〜く積み上げよう！
紙コップタワー

紙コップをお城のように高く積み上げていく遊び。はじめは大人がお手本を見せてあげると、まねをしてコップを置こうとします。積み上がったタワーをくずすのも子どもは大好き。

ねんねのお悩みQ&A

早く寝かせようとがんばるよりも
早く起こすことにチャレンジしましょう

「昼間しっかり体を動かせば、夜はコテンと寝ます」
なんて言われると、とっても困る。
だって、できるだけのことはやっているつもりなのに
寝ないから。
毎日公園に行ってるよ？
家の中でだってたくさん遊んでるよ？
どうすれば早寝早起きができるんだろう。

これは実は順番が違うんです。
早寝させなきゃと思っている親は多いけれど、
チャレンジすべきは早寝じゃなくて、早起き。
正解は「早寝早起き」ではなく、
「早起き早寝」なのです。
朝早く起きれば、夜は早く寝ます。
それに、寝ない子を寝かせるより、
寝ている子を起こすほうがずっとラク。
何日かは眠くて機嫌が悪くなるかもしれないけれど、
早起き早寝のリズムをつけるのに、
それほど時間はかかりません。
試しに3日間、がんばってみませんか。

早く起きた分、**午前中にたっぷり外遊びをする。**
お昼寝は短めにして午後早めの時間に切り上げる。
寝る30分前には部屋の照明を暗めにして静かに過ごす。
こんなふうにできればベストだけれど、
おうちの事情でできないこともあるはずです。
まずはいつもより1時間か2時間、
早く起こすことから始めましょう。
それだけで、リズムはグッと変わってくることが多いですよ。

東京大学名誉教授
白梅学園大学名誉学長
汐見稔幸

活動モードに入るまでに時間のゆとりがあると
1日が気持ちよく始められます

眠っていた脳は、お日さまの光を浴びるとスイッチが入り、
「きょうも元気に過ごすぞ」というホルモンが出てきます。
でもそれは瞬間的に起こることではなくて、
体が活動モードになるには少し時間がかかります。
早起きして、ゆったりと1日が始められるといいですね。

もともとヒトは、
日が沈んだら眠り、日の出のころに起きていました。
いま、それを実行するのは現実的ではないけれど、
人の本来のリズムからあまりにも大きくはずれてしまうのは、
子どもにとっていいことではないように思います。
夜遅くまでテレビを見たりおしゃべりしたり、
そういう大人の楽しみもあっていいのですが、
大人のリズムに合わせすぎていないかなと、
ときどきふり返ってみてください。

コーチング講師
（ひろっしゅコーチ）
山﨑洋実

 ねんね Q **朝型の生活リズムに
するのがつらい。
遅起き遅寝じゃダメですか？**

A 眠りのリズムがバラバラになるよりは
一定のリズムが保たれたほうがいい

早起きして、夜早く寝かせられるものならそうしたい。けれど、それができない事情の家庭もあります。仕事をもっているとか、上の子に手がかかるとか、朝型にするのがむずかしい子は、どうしましょうか。

早起き早寝がベストだとすれば、ワーストなのは起きる時間・寝る時間がバラバラなこと。きのうは7時、きょうは10時起き。あしたは6時に起こすぞ！なんていうのが続くと、体がしっかり休まりません。睡眠リズムが定まらないので、寝つきも悪くなります。ですから、**いろいろな事情で早起き早寝ができないなら、遅起き遅寝のリズムを一定に保ったほうがいいのです。**

夜10時から2時の間は成長ホルモンが出る時間だから、10時には絶対に眠っていなくちゃ！というのは誤解です。

成長ホルモンは決まった時間に出てくるものではなく、**寝入ってから30分〜1時間の間に、もっとも多く分泌され**ます。何時に寝ても、それはいっしょ。**遅く寝ると成長ホルモンが出ない、なんていうことはありません。**

眠っている間、体の中ではいろいろなことが起きています。脳は、昼間の経験をせっせと整理して記憶しています。睡眠中に出てくる**成長ホルモンは、身長の伸びにも深く関係**します。**新陳代謝で傷ついた細胞を修復する、肌や骨を生まれ変わらせる**のも、眠っている間に行われることです。

うちの子は眠る時間がほかの子よりも短いんだけど、と心配になっちゃったママ、大丈夫ですよ。**必要な睡眠時間は、子どもによって差があります。**それにその差は、けっこう大きいみたいなんです。

昔、アメリカの学会が子どもの夜の睡眠時間を調べたことがあります。それによると、2才では9時間半〜13時間半、3才では9時間半〜13時間の幅があったそうです。夜9時に寝たら朝6時半にはパッチリ目覚める子がいる一方で、10時過ぎまで眠りたい子もいるわけです。

起きる時間、寝る時間、食事の時間、風呂の時間、そういう暮らしの区切りの時間をできるだけ変えないことが、イヤイヤ期の体と心の成長には大切です。いつもと違う刺激も楽しいけれど、刺激ばかりじゃ疲れちゃう。**心地よいリズムで毎日が過ごせるように**してあげてください。

ねんね Q 共働きのわが家。
休日くらいは
朝寝坊がしたいけど…

A 使えるものはなんでも使う。
息抜きをすることに罪悪感をもたないで

洗濯物を干しながら子どもに朝ごはんを食べさせて、保育園に送っていって、ギリギリセーフで会社に駆け込んで。お迎え時間に間に合うように、仕事はテキパキと。帰ったら急いで夕ごはんを作って、お風呂に入れて寝かしつけて。保育園に持っていく着替えがない。もう1回洗濯だぁ〜。そんな毎日を送っているからこそ、日曜の朝はゆっくり寝たい。生活リズムを乱さないことは大切かもしれないけれど、私の体だって大切！

**ゆっくり寝たい、
疲れ果てちゃった。**

──そんなときは、

使えるものはなんでも使って心と体を休めましょう。パートナーに頼めるなら、たまにはパートナーにがんばってもらう。 はっきり言わないと伝わらないから、「**あしたの朝は子どもをお願い**」と言いましょう。これは、仕事をしていないママだって同じです。子育てをメインで担当しているのはママでも、**親としての責任は両者に同じようにある**のですから。

パートナーもヘトヘトでそれも無理なら、ほかの手を考える。有給休暇を使って1日だけ会社を休む。ベビーシッターを頼むのは？

じいじやばあばに泣きつくのは？　一時預かりしてくれる公的制度もありますよ。もちろん、**働いていない親も利用できます。**

月に一度は週末、家族みんなで寝坊するって決めてもいい。ときには、**「正しいこと」からはずれる勇気**をもちましょう。ニコニコして、幸せな気持ちでいられるためにも、**息抜きすることに罪悪感をもたないでください**ね。

ねんね Q 朝のうちに いろいろやっちゃいたい。 だから子どもを起こすのが ついあと回しになります

A どっちも、じゃなくて、どっちか。 いちばん大切にしたいことを優先しよう

子どもが寝ているうちに、家事をいろいろやっちゃいたい。その気持ちは、よくわかります。朝のうちに家事をすると、子どもを起こすのが遅くなる。その状況も、よーくわかります。

では**あなたにとって、より大切なのはどちらですか？**家事をすませること？ だったら早起きさせるのはあきらめましょう。子どもを早起きさせること？ だったら家事をあきらめましょう。**どちらかが正しいわけではありません。どちらも正解です。**まちがっているのは、むずかしい両立をがんばって、無理をすることです。

大切にしたいこと、あきらめたくないことは何？ これはとても大切な視点です。子どもは早く起こすべきだとか、子育て中でも家の中はきれいにしましょうとか、そういう**ガイドラインを守ることよりもっと大切なのは、親が毎日ニコニコしていること。楽しそうに暮らしていること。**理想に近づくためにがんばるのはとてもいいことだけれど、全部やらなきゃって執着すると楽しくなくなります。

自分が大切にしたいことが最優先。人生の忙しい時期は、そういうスタイルでいきましょう！

Column 休むことを許してもらおうと思わない。許可制をやめましょう

仕事で急な出張になった。電話で知らせておかなくちゃ。パパの場合、「あした出張になった。あさっての夕方に戻るよ」。ママの場合、「あした出張になったんだけど、いいかな？」

一時的にママ業をお休みしようというとき、ママは相手に許可をもらおうとしがちです。その、気持ちのうえでの許可制度をやめませんか？ 実際には言い方だって工夫しなくちゃならないけど、「許してもらおう」と考えないようにすると、お休みすることへの罪悪感はぐっと減ります。一息ついて、またあしたからがんばりましょう。

疲れちゃって少しお休みしたいなら、知恵を しぼってママをお休みする日をつくりましょう。

地域の子育て支援センターでは、一時預かり制度を紹介してくれますよ。保育の専門学校に貼り紙をして、学生さんにお願いした人もいます。最近は、オンライン息抜き会なんて活動もあるらしい。パパを見ていると手を出したくなるから、「きょうはお休みをいただきます」と宣言して近所のホテルに泊まりにいっちゃったツワモノも。

ママでいることは絶対に休めない！ 本当にそうかな？ その思い込みを疑うことから始めてみませんか？

ねんね Q

保育園でお昼寝すると、夜寝ない。休日はお昼寝なしにするとリズムが乱れるし、むずかしい…

A 早起き早寝のリズムは、小学校に入ってからつけてもいい

子どもはもうそろそろお昼寝がいらないのに、保育園でたっぷり寝てくるから、**夜遅くまで眠くならない。**せめて休みの日は早く寝かせようとお昼寝なしでがんばると、**月曜日からのリズムが乱れる。**仕事をもつママにとっては、**切実な困り事**です。

保育園に「お昼寝をさせないで」ってお願いできるなら、やってみる価値はありそうです。でもお昼寝タイムは、保育士が連絡ノートを書いたり、ランチを食べたりする時間でもあります。いいですよって引き受けてくれるところはふえてはいますが、まだ少ないかもしれない。子どもが何年も通う保育園ですから、「昼寝させたくあ

りませんっ!!」ってケンカするのもねぇ……。

いろいろ考えてむずかしそうなら、**保育園の間は、「遅起き遅寝」で過ごすと決めちゃいましょう。**休みの日だけがんばるのをやめる。リズムがバラバラになるよりまし、と思い切る。**早起き早寝リズムをつくるのは、小学校に入ってからにする。**1週間もすれば、お昼寝なしのリズムに慣れてきます。

「早く寝ない」って何年も悩んで苦労するより、子どもにとってもママにとっても、そのほうがずっと幸せですよ。

ねんね Q

夕食から就寝までバタバタで毎日寝落ち。少しは自分の時間がほしい

A 1日は24時間しかありません。自分の時間をひねり出す方法

だれだって、ちょっとホッとできる時間がほしい。その時間が**ないなら、どこかでひねり出すしかありません。**朝ちょっと眠いけど、親だけ朝早く起きちゃう。家事を手抜きしちゃうのもアリかな。ちょっと罪悪感あるけど。

何かをあきらめる練習を、始めてみましょう。

ねんね Q

私の貴重な息抜きタイムなのに
お昼寝をしてくれません

A コントロールできないことは
潔くあきらめましょう

お昼寝をするかどうかは親ではなくて、子どもが決めることです。親にとっては残念ですが、それが現実。実際、**イヤイヤ期になるとお昼寝しない子がふえてきます。**

2才だと20%ぐらい、5才になれば85%の子が、お昼寝なしで過ごせるようになるそうですよ。その子にとっては必要のないものですから、無理にお昼寝させれば夜寝なくなります。

たとえわが子でも、もう親の思いどおりにコントロールはできません。できないことは、あきらめる。朝早く起きて午前中いっぱい走り回ってもお昼寝しないなら、きっと夜はコテンと寝ちゃいます。「体力がついたんだなあ」と、**成長を喜んであげましょうね。**

Column 自分時間をつくろう

思い切って朝早く起きてみる

一日中子どもを追いかけ回してヘトヘトなんだもの。夜の寝落ちはしかたない。起きていようとがんばると、「なんで早く寝てくれないの!?」ってイライラすることがまた1つふえちゃいます。

だから、夜はあきらめる。子どもといっしょに寝ちゃう。ママがねんねモードになれば、子どももきっと安心して夢の中に入っていきます。

で、ママは思いっ切り早起きするのです。夜9時に寝たら、4時、5時起きだって無理じゃないぞ。ゆっくりネットを見たり、静かにハーブティーを飲んだり。そんなのんびりタイムで始められたら、きょうも1日幸せ♡

手放すのは何？
やらないことを決めましょう

ママになるって、すごいことです。だれかの命を預かって、その人生の始まりを支えるんですから。ノーベル賞をとるより、すごいことかもしれません。

だから、ママになる前の暮らしと、ママになってからの暮らしが変わるのは、当たり前のことなのです。子どもというかけがえのない宝物を手に入れたんだもの、かわりに「やらない」ことを決めましょう。

手作りごはんをたまに休む。アイロンがけをやめる。毎日の掃除機がけを、2日に1回にする。「あきらめてもいいな」と思えることをやめてみる。しばらくはモヤモヤするかもしれないけれど、そこはちょっとがまん。この先、人生のステージが変わることがきっとあります。あきらめなくてもよくなる時期が、必ずやってきますよ。

わが家の寝かしつけアイデア

適切な時間を知らずに遅寝させていた

3才のときの健診で、夜は9時までに寝かせましょうと保健師に言われました。だけど、その時間はまだバッチリ元気。寝かしつけに時間ばかりかかるので、あきらめて10時半に寝ていました。 5才(男の子)

大人の都合がリズムを乱していた

早寝の習慣づけというより、大人が夜のんびりしたくて、週末だけはお昼寝なしにしていました。でも、気を抜くと夕方4時ごろ爆睡しちゃったり……。かえってリズムを乱してしまったみたいです。 2才(男の子)

幼児のころはいつも遅寝。入学後に早寝早起き

寝るのはいつも夜11時過ぎ。小学校に入ったら大丈夫かなと心配していましたが、緊張したのか初日から9時半にバタン。登校に間に合わせるのに朝7時前には起きるようにして、数日でリズムができました。 7才(女の子)

保育園の先生に相談して解決

昼寝をすることで夜なかなか眠れないことに悩み、保育園に相談しました。寝たくない子は静かに起きていてOKになり、お昼寝ぎらいの子どもは大喜び。 3才(女の子)

寝たふりをするとあきらめます

「遊ぶ時間じゃなく、寝る時間」を伝えるため、寝たふりで寝かしつけ。目を覚ましても寝たふりを続ければ、あきらめて自分で寝るように。 3才(男の子)

密着すると安心♡おなかの上で寝ちゃいます

月齢が低いときは、ママのおなかの上で寝かしつけていました。完全に寝たらベビーベッドへ。 1才(女の子)

寝る30分前からオルゴール音でリラックスタイムに♪

部屋を薄暗くし、オルゴール音を、寝かしつけ30分前から流して、家中ねんねモードに。リラックスするのか、いつの間にかウトウト。 2才(女の子)

赤ちゃんが寝たら、疑似ママぬいぐるみでごまかす

ぬいぐるみを隣に。何かの気配があるだけで意外と安心するみたい。月齢が高くなってきてからも効果ありです。

1才 (女の子)

しばらく見守るとひとりで寝つけることも

眠そうなときに手を出すと逆に覚醒することも。ゴロゴロしたり眠そうにしているときは、しばらく様子を見ていると、自然に自分ですやすや。

2才 (男の子)

寝ぼけてグズったら口元や鼻にフーッと息を吹きかける

ふにゃふにゃとぐずり始めたら、息を口元や鼻に吹きかけるとすぐまた寝てくれます。1才10カ月になったいまでも効果アリ！ ぐずり始めにトライするのがポイントです。 1才 (男の子)

パパに抱っこされて泣き疲れるのを待つ…

1才を超えても、いまだに1回は泣いて起きます。寝つけずぐずったらパパがギュー。少し泣いて体力を使い切ってもらい、おっぱいを飲ませると安心してすぐにすやすや。 1才 (男の子)

足の裏やすねをそっとさする…

なぜかわからないけれど、足の裏がねんねポイント。お布団に入ってから、手のひらでやさしくさすってあげると、安心して眠りにつくようです。 1才 (女の子)

アレクサにお願い！

「泣きやむ動画」を流していましたが効果はまちまち。7カ月ごろから音楽が好きで踊ったりしていたので、アレクサに「赤ちゃんの子守歌聞かせて」とお願い。落ち着いてす〜っと寝てくれます。 1才 (男の子)

画像を天井に投影するグッズが効果てきめん！

キャラクターの画像を天井に投影しながら、オルゴール音が流れるグッズを誕生日に購入。「これは寝るときだけ」と話したところ、自分から「寝よう」と言うように。 2才 (女の子)

日中は体を使った遊びをたくさんして夜はぐっすり♪

夕方にうたた寝してしまうと夜しっかり寝られなくなるので、なるべく体を使った遊びをしてから夕飯という流れに。この方法にしてからぐっすり寝てくれるように。 3才 (女の子)

イヤイヤ期に読みたい絵本

106-108ページ

こどもの本コーディネーター
さわださちこ

決まり事をつくらず
親も子も自由に楽しんで

イヤイヤ期の絵本とのおつきあいは、ずばり「ラクに、自由に」がポイント。自己主張したい年ごろだから、「親が読み、子どもは聞く」というカッチリとした雰囲気ではなく、「あ、見て見て！ おもしろいよー」と軽く誘うようなアプローチのほうが、子どもも「なになに？」と乗ってくるものです。

この時期は「せっかく読んでも、ちゃんと聞いてくれない」というお悩みも多いですね。でも、ついこの間まで赤ちゃんだったのですから、1冊まるごときちんと聞くのを要求するのは、少しハードルが高いかもしれません。

「最後まで読めたら奇跡！」くらいに思っておいたほうが、親も子もリラックスして楽しめますよ。

子どもが絵本に興味がない？ それはそれでよしとして、**親が絵本を楽しむ**のはどうでしょう？ 美しい絵をながめているだけでホッと気持ちがなごんだり、イヤイヤっ子に困っている登場人物に共感したり。

そんな経験を通して、**ママ自身が「絵本っていいな、楽しいな」**と実感できたら、その気持ちはきっと子どもにも伝わると思います。

絵本のお悩みQ&A

Q 私が選ぶ絵本には「これ、イヤー」ばかりでイライラ…

A 「この中からどうぞ」と選ばせてみて

本当に別の絵本がいいのか、「イヤー」がおもしろいだけなのか、ちょっとわからないお年ごろですね。自分で選ばせると、「あれもこれも」と本棚からどんどん運んできて困るなら、あらかじめ**親が選んだ絵本を4〜5冊カゴに入れ**ておきましょう。「きょうはこの中からどうぞ」と選ばせてあげると、子どもの**気持ちが満足する**かもしれません。

Q 「絵本読もうよ」と誘うと、「ヤダー」。読まなくていい？

A ぜひ、親が絵本を楽しむ姿を見せて

絵本はしつけや教育のために読むものではありません。**いやがる子には、あえて誘わなくても**。子どもが退屈していそうなときに、「ママ、これ読もうっと」と絵本を開いてみるのはどうでしょう。「あ、かわいいー」「うわー、びっくり！」と、**親自身が絵本を楽しんで**。「おもしろそうだな」と思えば、チラチラとのぞきに来るかもしれませんよ。

Q じっと聞いてくれずに途中でフラフラ。がっかりします

A 「楽しかったね」という雰囲気でしめくくろう

途中で飽きたからといって、「もう読まないからね」と怒ってしまうと、イヤな気持ちだけが残ります。「じゃ、きょうはこれでおしまいね。パチパチパチ」と拍手でもして、「あー、楽しかったね」という雰囲気でしめくくりましょう。たとえ数ページでも楽しめたことを**「よかったね」と喜ぶ、そんな小さな積み重ね**を大切にしたいですね。

おすすめ① イヤイヤっ子が主役の絵本

おいしい おやつも いやだって いうよ

「イヤ!」は自立への第一歩
いやだ いやだ
せな けいこ／作・絵　福音館書店

「いやだ いやだって ルルちゃんは いうよ」「それなら おいしいおやつも いやだっていうよ」。カラッとしたやりとりが楽しい、イヤイヤ絵本の名作。あたたかみのある貼り絵とイキイキした言葉をくり返し味わって。

おかあさん おかあさん
おおきな けーき

おかあさん これ かって
かってよ
ねえ かって

しろくまちゃん ぱんかいに
わかやまけん

こぐま社

「買って買って」に
お困りのママに
しろくまちゃん
ぱんかいに
わかやま けん／作　こぐま社

お母さんとお使いに出かけたしろくまちゃん。パン屋さんでケーキをおねだりしたけれど買ってもらえず、「お母さんのけちんぼ」と涙がぽろり。子どももママも「あるある」と共感できるかわいいお話です。

もうだよ! ふくが ぬげないんだったら、ぬげなきゃ いいんだ!

でも…… のどが かわいたら どうしよう。

がんたんなことじゃないか!

自分でやりたい気持ちに拍手!
もう ぬげない
ヨシタケシンスケ／作　ブロンズ新社

服がひっかかって脱げなくなった男の子。「ひとりでぬぐから大丈夫!」といろいろやってみたけれど……。バンザイスタイルのままでどんどん妄想を広げる男の子がほほえましくて、がんばれと応援したくなります。

もう ぬげない
ヨシタケシンスケ

ネガティブな感情をととのえる
おこりたくなったら
やってみて!
オーレリー・シアン・ショウ・シーヌ／文・絵
垣内磯子／訳　主婦の友社

おこりたくなったら
やってみて!

すごく はらが たつ!
あたまの なかに かみなりぐもが もくもく。

この くもが とおりすぎるのを まつよりも
いきの しかたで おいだすのは どう?

きみの からだが いかりの くもで いっぱいになる まえに。
そう! じぶんの ちからで。

ユニコーンの子ども、ガストンといっしょに怒りや恐れなどの感情をコントロールする方法を教えてくれるシリーズ絵本。子ども自身が"怒り"の感情を根本から解決できる呼吸法を教えてくれます。

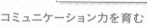

ああ! やっぱり だめだ!
パパが どんどん かっていくので
ガストンは ますます きげんが わるくなる。

まけるんだったら
もう あそびたくないや!
ガストンは かいだんを のぼって へやに もどった。

コミュニケーション力を育む
かっても まけても いいんだよ
オーレリー・シアン・ショウ・シーヌ／文・絵
垣内磯子／訳　主婦の友社

かっても
まけても
いいんだよ

フランスの乳幼児セラピストが考案したソーシャルスキルを学ぶ絵本。主人公のガストンとともに「うまくいかないとき、イライラしないでやっていく」。このやっかいな気持ちへの向き合い方がわかります。

おすすめ❷ 親子で楽しく遊べる絵本

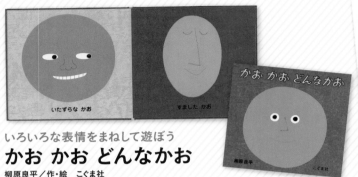

いろいろな表情をまねして遊ぼう
かお かお どんなかお
柳原良平／作・絵　こぐま社
笑った顔、泣いた顔、怒った顔、眠った顔。切り絵で描かれたさまざまな表情は、何度見ても飽きのこないおもしろさ。「ママの笑った顔はこんな顔」「○○ちゃんの怒った顔は?」といろいろな表情をまねっこしてみて。

ページをめくると何が起こるかな?
まるまるまるのほん
エルヴェ・テュレ／作　谷川俊太郎／訳　ポプラ社
「まる」をこすったり、くりっくしたり、本をゆすってみたり……。自分が絵本に働きかけると、いろんな「びっくり」に出会えるユニークな遊び絵本。このおもしろさ、絶対子どもに教えてあげたくなります。

おすすめ❸ ママの息抜きに効く絵本

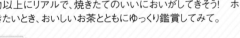
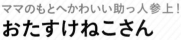

楽しく生きるって案外シンプル
らっこちゃん
MAYA MAXX／絵・文
福音館書店
水の中をすいすい、くるくる。おなかがすいたら貝をかつかつ、ぱくぱく。眠くなったらそのまますやすや。のびのび自由で、なんにも気にしていないらっこちゃんの姿を見ていると、なんだか元気がわいてきます。

見ているだけでふんわり幸せ
ケーキ やけました
彦坂有紀・もりといずみ／作　講談社
バウムクーヘン、アップルパイ、カステラ……木版で刷られたケーキはどれも本物以上にリアルで、焼きたてのいいにおいがしてきそう!　ホッと一息つきたいとき、おいしいお茶とともにゆっくり鑑賞してみて。

ママのもとへかわいい助っ人参上!
おたすけねこさん
おの ちよ／絵と文　至光社
「ねこのてのねこです　おてつだいいたします」とあらわれたとらねこさん。ばってんおんぶで子守をしながら、掃除、洗濯、買い物もおまかせ。「こんなねこさん来てくれたら」と想像するだけで、心がふわっとなごみます。

PART 4

神経質になりすぎず、ゆったりかまえて
あせらず始める
トイレトレーニング

おむつをはずすことに集中しすぎると、
子どもへの接し方がつい厳しくなりがちに。
いつかはずれる、おもらしもしなくなる、
自分で「できる」ときも「できない」ときもあるけれど、
あと戻りして当然。おしっこするって気持ちいい！
大切なのは、大人の余裕と、子どもの実感。

トイレトレーニングの準備
どうやって始めたらいいの？

なんのためにするの？

おしっこしたいと意思表示しトイレで排泄できるようになる

トイレトレーニングという言葉から描くゴールは、実は人によってさまざま。「ひとりでトイレに行って、排泄をし、手を洗って出てくる」状態を想定する人が多いですが、これは子どもにとってはハードルが高い動作。まずは**「おしっこやうんちがしたくなったら、それを意思表示できる」**こと、そして**「トイレやおまるにすわらせたら排泄できる」**ことを目標にしましょう。

やり方は？

性格や家庭によってさまざま。まずは基本の方法を試してみて

最初からトイレにすわらせるのか、おまるを使うのか、トレーニングパンツを使うのか……。トレーニングのやり方やグッズはさまざまです。**「これが正解」というものはないので、家庭の都合や子どもの性格などによって、やりやすい方法でトライしてみましょう。**何をどうすればいいのかわからないという人は、p.118で紹介している基本のトレーニングから始めてみて。

トイレトレーニングってしつけ？

主役はあくまでも子ども！しからず、サポートするつもりで

親がいくらがんばっても、子どもの準備がととのっていなければ、成功はありえません。体の機能がトレーニング可能な水準まで発達し、子どもにおむつをはずしたいという気持ちが芽生えてきたタイミングを見きわめて、**しつけではなく手伝う気持ちで臨みましょう。**あまり意気込みすぎず、**あせらずゆっくり進めること**が大切です。

いつ 始めたらいい?

3つの条件がそろえばOK。子どもの様子をよく観察して

トレーニングの開始時期には個人差が。体や心の準備ができていない子にトレーニングさせるのは挫折のもと。性格や家庭環境にもよりますが、発達の観点から見て、クリアすべき3つの条件があります。**ひとりで歩けること、言葉の理解が進んでいること、おしっこの間隔が一定時間あいていること**(p.112〜113)。子どもの様子を観察して、判断しましょう。

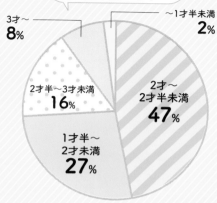

ママ
アンケート

トイレトレーニングを
始めたのはいつ?

〜1才半未満 **2**%
3才〜 **8**%
2才半〜3才未満 **16**%
2才〜2才半未満 **47**%
1才半〜2才未満 **27**%

2才〜2才半の間に始める子が多いよう。言葉が発達してくる2才前後に、3つの条件がそろう子どもがほとんど!

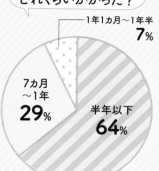

完了までに
どれくらいかかった?

1年1カ月〜1年半 **7**%
7カ月〜1年 **29**%
半年以下 **64**%

もっとも多かったのは半年以下。条件がそろってから始めると、比較的短い期間で完了するよう。1年ほどかけてじっくりとり組む人も多数。

うちの子、トイレトレーニング始めました!

帰省中に急遽スタート!

家ではトイレに行きたがらなかったのですが、年に2回の帰省の際、いつもと環境が違うからか急に「トイレ行く」と言い出しました。何も準備していませんでしたが、娘の気持ちを尊重しスタート。3泊して帰るころにはできるように!
2才9カ月(女の子)

マイペースでなかなか成功せず

おむつがとれないまま幼稚園に入園。友だちはほとんどとれていましたが、堂々とおむつをして通っていました。私があせって無理やりトイトレをしましたが、逆効果でとれず……。結局1年近くかかって4才手前で成功! 親のあせりは禁物です。
4才(男の子)

姉の影響を受け早々開始

3才半の姉は3才になってすぐにおむつがとれました。その姉に影響を受けたのか、1才半ごろから「ちっち」と言ってトイレへ。まさか出ないだろうと連れていったら本当におしっこが出ていてびっくり! それから4カ月ほどでおむつがとれました。
1才10カ月(男の子)

保育園でみごとマスター!

担任の先生から「トイレに興味があるようです」と言われ、トイトレを始めてもらいました。家でもなるべくトイレでさせるようにして、おもらししても怒らないようひたすらがまん! 約3カ月で昼と夜、両方おむつなしでいられるようになりました。
2才5カ月(女の子)

子どもの発達とトレーニングの見通しチャート

おしっこの出る メカニズム

延髄（えんずい）

反射をつかさどる部分。1才前くらいまでの赤ちゃんは、膀胱がいっぱいになったという情報がここまで届くと反射的におしっこを出す

大脳皮質

おしっこをしたいと感じ、おしっこを出せという指令を出す

小脳

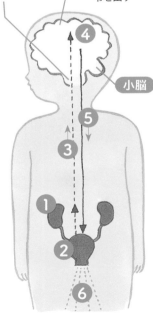

❶
腎臓でおしっこがつくられる

❷
おしっこが膀胱にたまる

❸
膀胱がいっぱいになったという情報が脊髄（せきずい）の中にある神経系を通って脳に伝わる

❹
大脳がその情報を受けとり「おしっこをしたい」と感じる

❺
大脳が「おしっこを出せ」という指令を出し、その情報が再び神経系を通って膀胱に伝わる

❻
おしっこが出る

0 才代前半
膀胱におしっこをためるのはまだむずかしい時期

生まれたての新生児期はまだ膀胱（ぼうこう）が小さく、おしっこは1日平均20〜25回とかなり頻繁です。赤ちゃん自身に「おしっこがたまった」という感覚はなく、意思とは関係なく反射的に排泄します。生後10カ月ぐらいになるとようやく、おしっこを少しずつ膀胱にためておけるようになります。

親の働きかけは

この時期はまだ「トレーニング」というほどのことはできません。おむつがぬれていたらそのたびに替え、「おむつを替えると気持ちがいい」と教えてあげて。

0 才　　　　　　1 才

1 才代前半
少しずつおしっこをためておけるように

大脳皮質が発達していき、膀胱におしっこがたまる感じが少しずつわかるようになってきます。ただ「たまった感じ」と「おしっこ」は、まだ結びついていません。子どもによってはおしっこの前やおしっこをしているときに変な顔をするなど、「おしっこのサイン」が見られることはあります。

親の働きかけは

おむつをぬれたままにしないで、なるべく早く替えてあげましょう。間隔やタイミングなど、おしっこのリズムをなんとなくつかむようにするといいでしょう。

1 才代後半
膀胱がグッと大きくなり、排尿の間隔が長くなる

1才代の後半になると、膀胱がグングン大きくなってきます。その分おしっこも量をためておけるようになり、排尿の間隔が少しずつあくように。よく観察すると、しだいにその間隔が一定のリズムをもつようになるのがわかるかもしれません。

親 の働きかけは

排尿間隔が2時間ほどあくようになったら、おむつ替え時におまるにすわらせてみても。おしっこがたまる感じと排尿を結びつけられる機会をつくるといいかも。

3 才代
自分からトイレに行けるようになる時期

トレーニングが進んでいる子も多い年齢です。その場合、「おしっこをしたい」と感じると、だんだん自分でトイレに行けるようになってきます。ただし、遊びに夢中になるとおもらしをするなど、失敗することもまだまだ多い時期。子どもの自尊心を傷つけるようなしかり方をしないことが大事です。

親 の働きかけは

親がトイレに誘っている場合は、自分で「おしっこ」と教えてくれるのを待つようにしましょう。おむつがとれているお友だちの様子を見せるのもよい刺激に。

2 才代
おしっこをしたい感覚が自分でわかるように

膀胱におしっこをためておけるようになり、「おしっこをしたい」という感覚が自分自身でもわかるようになってきます。おしっこが出たすぐあとに親に教えてくれるなど、排尿の感覚もはっきりわかってくる時期。トイレトレーニングをスタートする子どもがもっとも多い時期でもあります。

親 の働きかけは

おしっこが出たことを子どもが教えてくれたら、たくさんほめてあげましょう。タイミングを見てトイレに誘ってみるなど、本格的にトレーニングを始めても。

4 才代
日中のおしっこはほぼトイレでできるように

4才を過ぎると、トレーニングを完了した子どもが多くなります。日中のおしっこはほぼトイレでできるように。ただし夜間のおしっこは別。トレーニングするのではなく、夜の排尿をコントロールする体の機能が発達して自然におむつがとれるのを待つことになります。個人差が大きいのであせらないで。

親 の働きかけは

おねしょを防ぐために、夜中に起こしてトイレに連れていくのはNG。防水シーツを敷くなど、汚されてもいいように工夫をして体の機能の発達を待ちましょう。

できた♥

トイレトレーニング開始
わが子に最適な時期にスタート

ほかの子とくらべないで その子の発達を チェックして

トイレトレーニングを始めるには、大脳皮質の発達が不可欠です。**おしっこがたまっている感覚、排泄の感覚、たまったおしっこをがまんできる能力などが育っていないと、トレーニングを始めてもうまくいきません。**失敗が続くと、親も子も疲れてイヤになってしまいます。また、「何才になったから」とか「お友だちが始めたから」ということだけを理由にスタートすると、結果的にこじらせたり、思いのほか長引いたりすることにもつながりかねません。**スタートのベストタイミングは、子どもによって違います。**ほかの子より早い、遅いと一喜一憂するものではないことを心にとめておきましょう。子どもの様子をよく観察して、わが子に最適なスタート時期を見きわめてあげて。

トイレトレーニングを始めたきっかけは?

1位 季節がよかったから

2位 周囲のお友だちが始めたから

3位 トイレに行きたがるようになったから

4位 きょうだいのトイレに興味をもち始めたから

5位 下の子を妊娠・出産したから

ママアンケート

- 秋にスタート7%
- 冬にスタート9%
- 春～初夏にスタート **46%**
- 夏にスタート **38%**

薄着で洗濯がラク、洗った下着がすぐ乾く、多少おもらししても寒くないなどの理由から、春～夏にかけてスタートする人が大多数。

始めるための条件

ひとりで 歩くことができる

ひとりで歩けるようになるのは、大脳皮質が発達してきたしるし。大脳皮質が発達すると、おしっこがたまる感覚やおしっこをしたいという意識が少しずつもてるようになってくるのです。「ひとりで歩けるかどうか」は、おまるやトイレにすわっておしっこをするトレーニングができる段階かどうかをはかるのに、とてもわかりやすい目安なのです。

言葉の理解が進み、 少しおしゃべりもできる

ある程度の言葉の理解は、トレーニングに不可欠です。ママが「おしっこ出る?」などと言葉をかけても、子どもに伝わっていなければ意味がありません。また、自分で「おしっこをしたい」という意思を伝えられなければ、トレーニングはうまく進みません。言葉でコミュニケーションがとれるかどうかは、重要なポイントです。

おしっこの間隔が ある程度あくようになった

1才半ごろになると、「ひとりで歩けること」「言葉の理解が進んでいること」という条件がそろう子どもは多いよう。ただし、トレーニングスタートにあたって大切な条件は、おしっこの間隔があいているかどうか。おしっこの間隔がだいたい2時間ぐらいあくようにならないと、膀胱におしっこをためたりがまんしたりということができません。

寒い時期のトイレ・トレーニングを乗り切る
３つの工夫

❶ 厚着せず、脱がしやすい服に

厚着にすると、子どもが「おしっこしたい」と言っても脱がせるのに時間がかかるし、おしっこのサインも見のがしやすいもの。失敗したときの洗濯も大量になるので、なるべく薄着を心がけて。また、着せる服はウエストがゴムになった脱がせやすいズボンや、女の子ならスカートにすれば、すばやく対応できます。

❷ 着替えとパンツをたくさん用意

寒い時期は、夏よりもトイレが近くなるので、失敗の回数も多くなりがち。おもらししたときの着替えのパンツとズボンはなるべくたくさん用意しておきましょう。どうせ汚れるものなのだから、お下がりでじゅうぶん。親戚や友だちに声をかけて、たくさんもらっておくといいでしょう。たっぷりあれば、少々洗濯物がたまっても、寒くてなかなか乾かなくても、そんなにイライラしないですむはずです。

❸ おまるを暖かい部屋に置く

寒いトイレに何度も連れていくと、おしっこすることイコール不快、という意識を植えつけてしまうことも。その点おまるだったら、暖かい部屋に置いておくことができるので寒い時期にはいいかもしれません。暖かい部屋の中なら、パンツを脱いでしばらくおまるにすわっていても、寒い思いをしないですみます。おしりが冷えてかぜをひいてしまうのでは……なんて心配もいりません。

冬にやってよかった！の声も

春夏と違い、寒い時期はおもらしするとパンツがぬれてすぐに冷たくなります。その不快感がよく伝わるので、おもらしやおしっこが出たという感覚を比較的スムーズにつかめます。「おもらしをいやがって、おしっこを教えてくれるようになった」成功談も多数。

トレーニングを始める時期の子どもは、やんちゃ盛り。「夏に裸にすると喜んで、ふざけていつまでもパンツをはかずに遊んでいた」というお悩みも。冬は寒いので、すぐにパンツをはきたがり、さっとトイレに行っておしっこをしてくれるケースが多いよう！

トイレトレーニングがラクになる6つの準備

準備 ① おしっこのサインを覚えておく

もし子どもがおしっこをしたいときに見せるサインがわかっていれば、タイミングよくトイレに誘うことができます。落ち着きがなくなる、足をモジモジさせる、おむつをさわるなど、**おしっこの前後に決まったしぐさをしていないか様子をよく観察**し、おしっこのサインを見のがさずにキャッチできるようにしておきましょう。

準備 ② おむつはすぐにとり替え「おしっこ出たね」と声をかける

おしっこをしたのがわかったら、おむつはすぐに替えましょう。いつもぬれていては、おしっこが出ている感じや、出た前後の感覚がつかみにくくなることも。**おむつを替えながら「おしっこが出たね」と声をかけて、排尿を意識させ**て。ポイントはおだやかに声をかけること。強い調子で言うと、子どもは悪いことをしたように感じてしまいます。

準備 ③ 親やきょうだいのトイレをお手本に

ママがトイレに行くとき子どもがついてきたら、**追い払わないで「ママ、トイレでおしっこするよ」などと話してあげ**て。子どもは大人のすることをなんでもまねしたがります。パパやきょうだいにも協力してもらい、おしっこはトイレでするもの、トイレはおしっこをする場所だと教えていきましょう。

準備 ④ おまるは前もって部屋に置いておく

おまるでトレーニングをする予定なら、**スタートする少し前から、決めた場所に置いて**おきましょう。おむつをとり替えるときにちょっとすわらせて、慣らしておくのもいいでしょう。ただし、おまるは遊ぶものではないので、おもちゃとは区別して扱うように注意して。

準備
⑤ トイレを明るく楽しい雰囲気に

殺風景で狭いことが多いトイレに「場所見知り」するケースはよくあります。トイレでトレーニングをスタートするのなら、**子どもになじみやすい雰囲気**にしましょう。好きなキャラクターグッズを置いたり、かわいいポスターを貼ったりして、楽しくトレーニングできるようにしておきましょう。

お気に入りのぬいぐるみといっしょに
ぬいぐるみの友だちがトレーニングのつき添いに。間近で応援してもらえれば、やる気はグンとアップ。親が声まねしたり、トイレに誘うところからぬいぐるみを使うのが成功のコツです。

スリッパには大好きな電車シールを
市販のスリッパにシールなどを貼り、子どもがはきたくなるような工夫を。好きなキャラクターでもOK！「自分専用」を用意してもらったことにも喜んでくれるはずです。

便座のふた裏にシールを
ふたをあけると、かわいいうさちゃんがニッコリ。その顔見たさにトイレへ行ってくれるようになれば、しめたもの。

トイレットペーパーは絵つきで！
味気ない白無地より、絵があればさらに楽しい♪ お気に入りのキャラクターや、動物がらが子どもには効果的です。「おしっこ出たら、これでふこうね」とトイレに誘ってみて。

ウオールポケットに収納してカラフルに
透明タイプのウオールポケットに、布パンツをセット。100円ショップのものでじゅうぶんです。とり出しやすく、子どもも「今度はこれをはく〜」と乗り気になってくれそう。

準備
⑥ 絵本などでイメージトレーニング

トイレがテーマの絵本でイメージトレーニングするのもよい方法。ただし、**読み聞かせのときに主人公をしつこくほめたり、「〇〇ちゃんもがんばろう」と言い聞かせるのはNG**。プレッシャーを感じとり、子どもが絵本をきらいになってしまうことも。絵本はあくまでも楽しむもの、という前提を忘れないで。

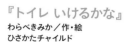
『トイレ いけるかな』
わらべきみか／作・絵
ひさかたチャイルド
いろいろな動物たちがトイレでおしっこに挑戦。「文中の『できた、できた』というフレーズを子どもが気に入って、トイレが好きになってくれました」というママの声も。

『うんこ！』
サトシン／作 西村敏雄／絵
文溪堂
「くっさーい！」とみんなに言われてしまったうんこくんが、一世一代の冒険をするストーリー。うんちをおもしろおかしく描きつつ、くさいだけで終わらせないエンディングが秀逸。

『ノンタン おしっこ しーしー』
キヨノサチコ／作・絵
偕成社
子どもに大人気のキャラクター、ノンタンがおまるでおしっこに挑戦！「しーしー」という言葉がくり返し出てくるので、リズミカルに読み進めることができそう。失敗する姿にも共感。

『といれ』
新井洋行／作・絵
偕成社
本を開くと、大きな大きなトイレが！ 見開きでダイナミックにイラストが描いてあり、子どもがトイレをイメージしやすいところが好評。思わず便座にすわりたくなること、まちがいなし！

基本のトイレトレーニング 4ステップ

スタートからゴールまで一直線ではなくてもあせらずに！ 変化や成長を楽しみながら進めて

この4STEPは、もっとも基本的なトレーニング方法です。トレーニングを始めるための3つの条件をクリアしたら、STEP1から順を追って進めてみてください。大切なのは、無理したりあせったりしないこと。トレーニングがなかなか進

まないからといって、子どもを責めるのは逆効果です。また、どのSTEPでも中断やあと戻りはつきもの。途中で何かハプニングがあっても、子どもの成長や変化を楽しむつもりでのんびりかまえるのが、スムーズに進めるコツです。

STEP 1 おしっこがたまっていそうなときにおまる・トイレに誘う

起床後、食事のあと、外出や昼寝の前後など、これまでおむつ替えをしてきたタイミングでおむつの中をチェック。ぬれていなければ子どもの様子を見ながら**おまるやトイレに誘って**みて。すわらせたら「おしっこ出るかな?」「出たね」と声をかけ、おしっこする感覚を学ばせます。いやがったり、出ないようなら無理せずあきらめましょう。この段階では誘うのは1日1～2回でOKです。

スムーズに進めるポイント

1日に誘う回数を少しずつふやす
おまるやトイレにしつこく誘いすぎていやがるようになった、というケースも。マメに連れていっても、子どもは飽きてイヤになってしまうだけ。最初は1日1～2回にし、徐々に回数をふやします。

おまるは置く場所を決める
あせるあまり、おまるを持って子どものあとをついて回るのはNG。おまるを置くのは部屋の中でもトイレでもいいですが、子どもにわかりやすいよう、なるべく一定の場所に置くようにしましょう。

すわらせるのは2～3分程度に
おしっこに誘っておまるやトイレにすわらせるのは2～3分に。子どもの集中力は、このくらいが限界です。出るまでがんばらせようとせず、子どもの気が散ったらさっとあきらめ、次に期待しましょう。

STEP 2 おまるやトイレでおしっこする回数をふやしていく

1回でもおまるやトイレでおしっこすることができたら、誘う回数を徐々にアップ。タイミングを見はからって、**「おしっこがたまっていそう」**と思うたびに**おまるやトイレに誘い**ます。じょうずにできたら、たくさんほめて! まだできなくて当然なので、失敗してもしからず、くり返し誘いましょう。おしっこできる確率が50%くらいになるまで同じように続けます。

スムーズに進めるポイント

まねっこ大好き!を利用する
上の子や少し大きなお友だちがどんなふうにおしっこをしているのか、見せてもらいます。人のまねをするのが大好きな時期なので、「○○ちゃんみたいにやってみる!」とまねしてくれるかも?

多少のあと戻りにはあわてない
急にしなくなったり、失敗がふえたりすることはよくありますが、けっしてしからず、できたときには、うんとほめてあげて。あと戻りには動じないこと。おおらかな心をもつようにしましょう。

そばについていてあげる
子どもをすわらせたままその場を離れてしまうママもいますが、この段階ではひとりでおしっこするのはまだ不安。ほめてくれる人がいないと張り合いもないものです。必ずそばで見守ってあげて。

あと戻りの5大原因

引っ越した
体調をくずした
おもらしで怒られた
梅雨の時期や冬など寒くなった
下の子が生まれた

STEP3 おむつをはずして パンツをはかせる

いよいよおむつからパンツへ移行です！ **成功回数がふえてきたら、日中はおむつをはずして布パンツやトレーニングパンツをはかせてみましょう。** おもらしすることも多いですが、もらすことで気持ち悪さを実感し、おしっこの感覚を体感していきます。大切なのは、おもらししてもしからないこと。ママのやさしい対応と「おしっこ出たね」の声かけがポイントです。

スムーズに進めるポイント

好きなキャラクターのパンツを使う
進んで布パンツをはいてもらうために、子どもが喜ぶお気に入りのキャラクターデザインを選んでみて。「プリントされた顔をおしっこで汚したくなくてがんばった！」という成功談も。

紙と布をうまく使い分け
外出先であせったり、失敗してイライラするようなら、紙のトレーニングパンツを進んでとり入れてみて。自宅で過ごすときは布パンツにするなど、状況に応じて臨機応変に対応してみましょう。

イライラするならおむつに戻っても
どうしてもイライラしてしまうなら、おむつに戻してみても。パンツにくらべると進行はゆっくりになりますが、タイミングをのがさず誘ってあげれば、いずれ自分からおしっこを教えてくれるように。

STEP4 自分から 「おしっこ」と 言ってくれるのを待つ

「おまるやトイレにすわる」→「おしっこしてすっきり」という行為をくり返すことで、膀胱におしっこがたまる感覚を覚えていきます。子どもが自分から「おしっこ」と教えてくれるようになるのを待ちましょう。なかなか教えてくれなかったら、誘うタイミングを少しずらしてみて。おしっこが出る前に教えられるようになり、トイレでできるようになったら完了！

スムーズに進めるポイント

脱ぎ着のスムーズな服を選ぶ
ギリギリのところでがまんする力がまだ足りないために、間に合わなくて失敗してしまうことも。できるだけ着脱がラクにできる服装で過ごさせましょう。着ている衣類が多くなる冬場は特に注意。

マナーや立ちションを教えるのはまだ先
男の子に立ちションを教えるのは、おしっこの自立が完了してから。すわった姿勢で〇Kです。紙でふくことを教えるのも、トレーニングが完了してからで大丈夫。この段階で完璧を求めないこと。

教えてくれなかったら誘うタイミングをずらす
おしっこに誘うタイミングが早いと膀胱がいっぱいになる前におしっこが出てしまうため、「膀胱がいっぱいになるギリギリ感」をつかめていない可能性が。いつもより遅いタイミングで誘ってみて。

わが家のトイレトレーニング

まねっこ遊びから始めて楽しくトレーニング

根気よく声かけを続けて成功!

トイレ=楽しい場所だと認識させることで、スムーズにトレーニングできました。
「トイレ行かない」と言う時期もありましたが、無理せず気分が乗るときだけ誘って無事卒業!

お人形と
いっしょに
がんばったよ

うららちゃん(2才7カ月)

おままごとでトイレに興味をもつ

おままごとや人形遊びの最中に、人形に向かって「うんち出た?」とクンクン。おむつを替えるしぐさをするようになりました。親のトイレについてきて、水を流したり、おしりをふくまねも!

1才8カ月

おむつに「うんちが出た!」と教えてくれるように

うんちが出る感覚がわかってきたようで、出た直後に教えにきてくれるように。ママのトイレについてきて、便座にすわりたがることも多くなってきました。「トイレは楽しい場所」と認識している様子なので、自然な流れでトレーニングを始めることを決意。

補助便座を購入

購入前は、口コミやネットで合うものを徹底的にリサーチ。その結果KARIBUのトイレトレーナーを選びました。ステップ一体型なので子どもでもセットしやすく、コンパクトにして壁に立てかけておけることが決め手。かわいいカラーで気に入ってくれました!

1才9カ月

トイレでおしっこ成功!

ママ、
出たよ〜!

補助便座を購入するとすぐにすわりたがり、ほどなくしてトイレでおしっこ成功! うんちは食事のあとすぐ出ることが多いため、そのタイミングで連れていったら、うんちもスムーズにトイレでできるようになりました。「すごいね」とほめて、やる気をアップ!

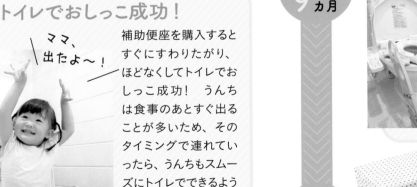

手作りでもOK

踏み台は古雑誌や牛乳パックでも作れます。古雑誌を重ね、ずれないようにきつくひもで結んでから、さらに粘着テープでとめ、包装紙や紙袋で包みます。牛乳パックを並べて作るなら、中に新聞紙などをぎっしりと詰めて。

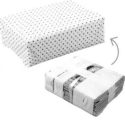

1才10カ月

自分でセットし、お片づけまでできるように

おしっこやうんちが出そうなタイミングで「トイレ行く?」と声をかけると、トイレへダッシュ! 自ら補助便座をとり出し、セットして用を足せるまでに成長。しばらくするとトイレットペーパーでふき、水を流してお片づけするところまで、全部自分でできるようになりました。

2才2ヵ月

ママ's Voice

うららちゃんママ
遊びの延長で始められたことが成功の秘訣! 気乗りしないときはあせらず見守り、無理じいしなかったこともよかったのかも? 娘のトイレに気長につきあえるゆとりが、親には必要だと実感しました。

卒業

卒業間近のマストアイテム
トレーニングパンツ

布タイプ

おしっこをもらしてもそのまま流れ出ないよう、股部分に加工がしてあるパンツ。子どもに排尿の意識をさせつつ、服や床をぬらさずにすむので、トレーニングには最適です。また、洗濯してくり返し使えるため、とても経済的!

紙タイプ

通常の紙おむつは「おしっこしてもサラサラ」ですが、トレーニング用はその逆。ぬれた感じがわかるように作られていること。使い捨てなので洗濯の手間がかかりません。普段は布のトレーニングパンツで、外出のときや夜のおねしょ対策には紙のタイプ、と使い分けるママも。

こまめに声かけし、成功回数が増加!

トイレに連れていくとほぼ100%成功するので、パンツをはかせることに。お気に入りのアンパンマン柄で大張り切り! タイミングを見て誘い、ほぼ失敗なしでできるようになりました。

2才7ヵ月

Goal!

TOTAL 11ヵ月

うんちをいやがり何度も中断

ほめまくり作戦で卒業しました

いやがったら無理せず、「やってみる」という自主性を大切にして進めました！

のんびりマイペースで練習したよ

こうくん（3才5カ月）

補助便座を購入

暖かい季節になり、朝おむつがぬれていないことがふえたのでトレーニングを決意。トイザらスで補助便座を購入するも、すわるのをいやがり、「いつかすわろうね」と言ったまま白紙状態に。誘い方を少しまちがえたかも？

1才5カ月

1才8カ月

トレーニング開始！ 絵本が大活躍

興味が出てきたようなので、朝起きたらすぐにトイレに連れていき、おしっこさせるように。絵本が大好きなので、『うんこ！』『うんち出るかな』などを持っていき、すわらせて読ませました。

1才10カ月

「おしっこ出る！」と教えてくれるように

出る！

おしっこが出る感覚が少しわかってきたよう。「おしっこ出た」から「おしっこ出る！」に変わり、「おしっこ出る！　トイレ行く」と流れで言えることも。成功回数もふえてきましたが、うんちは変わらずおむつで。

2才3カ月

布パンツに切り替え うんちトレーニング開始

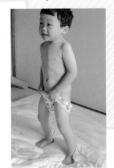

「やってみる！」と言いだすのを待ち、いよいよ布パンツに。うんちのときは、便座にすわれたら普通シール、出たら特別シールをカードに貼り、やる気を引き出す作戦に。

中断

いやがる日はおむつにして何度も中断

トイレでうんちがなかなかできず、中断。「トイレ行く？」と何度も誘われてイヤになってしまったのかも？　うんちのためだけにおむつが必要になるとは……、とママも少しぐったり。

ママ's Voice

こうくんママ

「大人になってもおむつの人はいない」と考え、本人の意思を尊重し、その気になってくれるのをひたすら待ちました。成功したらほめることも大事だと学びましたね。

卒業

TOTAL
1年2カ月

2才7カ月
Goal!

CASE 3

トレーニングパンツを早めに導入

こまめな声かけが成功の秘訣でした

おしっこをもらす＝ぬれて気持ち悪い、を実感してもらい、トイレに誘って成功！

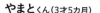
カッコいい！ と言われたくて がんばったよ

やまとくん（3才5カ月）

補助便座を購入

秋に3才になるため、夏のうちにトレーニングスタートを検討。補助便座を購入しました。トイレですわらせてみると、たまにおしっこが出ることも。2才の誕生日にトレーニングパンツをもらっていたので、これもさっそく使ってみることに。

2才5カ月

2才10カ月

**トイレにすわって
おしっこが出た！**

≡カッコいい≡

トレーニングパンツをはきながら、数回に一度はおしっこを教えてくれるように。ほどなくしておしっこはほぼトイレでできるようになりました。成功したら「カッコいいね！」とほめまくっていたのもよかったのかも？

2才11カ月

3才

ママ's Voice

やまとくんママ

「カッコいいよ」と、とにかくほめて気持ちよくおしっこできるようにしました。失敗するとついしかってしまいましたが、ママががんばりすぎず、見守ることも大切だと実感！

卒業

**TOTAL
8カ月**

3才1カ月

Goal!

**トレーニングパンツに
何度もおしっこ…**

出る前になかなか教えてくれず、トレーニングパンツの中で何度もおしっこ。ズボンにはしみ出さないものの、おむつとは違う感覚なので「気持ち悪い」と感じるようになってきたみたい。

**うんちトレーニングを始める
ものの、おむつにする日々**

おしっこはスムーズでしたが、うんちはなぜか「おむつにする」と主張。無理やり脱がせてトイレにかかえていったことも！　それまで毎日出ていたのに、プレッシャーを感じたのか数日おきに。うんちがかたくなって、よけいに出ないという悪循環を体験。

う〜ん

**ついにうんちも
トイレでできた！**

それまでしかったり、催促しすぎていたことを少し反省。気持ちを切り替えて、ごほうびシールで誘うなどしていたら、いつの間にかトイレでうんちができるようになりました！

いきなりパンツで トイレトレーニング3ステップ

スタート前に
チェック

☑ ひとりで歩けるようになった

☑ 言葉の理解が進み、
　おしゃべりも少しできるようになった

☑ おしっこの間隔がある程度あくようになった

すべて ☑ がついたら
Let's start

STEP 1 いつどこでもおもらしされても いいようにパンツやぞうきんを 準備し、部屋をととのえる

大切なのは、**おもらしで部屋を汚されてもしからない覚悟と、おもらし対策をすること**。1日に何度もはき替えることになる**パンツ**や、**あと始末用のぞうきん**などは足りなくならないよう多めに用意します。さらにふき掃除がしやすい**ウッドカーペットにする**、畳には新聞紙を敷き、洗えるカーペットを上に重ねる、**布張りのソファにはビニールシートを広げる**など、ママの手間やイライラを少しでも減らすための対策を講じましょう。

Point

☐ パンツは多めに用意

☐ おもらしを
　されてもいいように工夫

STEP 2 いきなりパンツをはかせて トイレには誘わず 様子を見る

トイレに誘わなければ、おそらく、おもらしするでしょう。でもそれがねらい。**子どもが気持ち悪そうにしていたら、いきなりパンツの効果はあった**ということです。子どもは不快感や驚きでショックを受けているので、ママはしかったりせず**「おしっこをパンツにしちゃうと気持ち悪いね。次はトイレでしようね」**と声をかけてあげましょう。これを根気よくくり返して教えていくうちに、トイレでするようになるケースが多いようです。

Point

☐ おもらしをして気持ち悪そうに
　しているかをチェック

☐ おもらしをしてもしからない

絶対NG！

やっちゃダメなのはこの4つ

✕	おもらしをしかるとイヤな顔をする	➡	おもらしを隠すようになることも
✕	様子を見ていられずしつこくトイレに誘う	➡	トイレぎらいになる可能性が
✕	おもらしに耐えきれずイライラする	➡	あまりにイライラするならトレーニングは中断して
✕	おもらしの回数を減らそうと水分を制限する	➡	子どもが脱水症状に陥る危険性が

STEP 3 「おもらししたらトイレに連れていく」をくり返し、「おしっこ」と言える日を待つ

自分から教えてくれるようになったら

Goal!

おもらしの不快さと、トイレでできたときの気持ちよさ、両方を体験させてあげて。「ほめるときはオーバーに」がコツ。「トイレでできた！」という優越感にひたらせてあげましょう。**早い子で3日、長い子は7カ月ほどかけて、「おしっこ」と言える回数を少しずつふやしていきます。** ただし、順調なときの失敗には要注意。「できた」ことが「できなく」なるので、イライラが爆発することがあります。**あと戻りはあって当然なのです。**

Point

☐ トイレで成功したら思いっ切りほめる

☐ 成功後に失敗しても前向きに！

いきなりパンツ やってよかった！困った！体験談

してほしくないところに限っておもらし

部屋中におもらし。それもよりによって畳やカーペットなど、しみ込みやすいところにたくさんされました。わかっていても、怒ってしまいました。
開始時1才8カ月（男の子）

失敗して当たり前。おおらかな気持ちに

おもらしするのが当然、という気持ちになれました。最初から開き直れたからか、失敗してもイライラせず、のんびり進めることができました。
開始時2才6カ月（男の子）

冬はおもらしのおしりが冷たそう

おしっこでぬれた感じを体感できるのはいいけれど、それでおしりが冷えてかぜをひかないかが心配でした。冬より夏のほうが向いているかもしれません。
開始時2才2カ月（女の子）

おしっこの感覚がつかめ、「恥じらう」気持ちも

パンツでおもらしすると、おしっこの感覚がつかみやすくなったよう。「恥ずかしい」という気持ちも芽生えて、「おしっこ」と言ってくれるように。
開始時1才6カ月（女の子）

1日でおむつはずし

まねっこ大好きな子どもの気持ちを じょうずに利用して

おしっこがしたくなったらトイレに行く、便器にすわる、おしっこを出そうと意識するなど、子どもは新しいことをたくさん覚えなければなりません。親が無理に教え込もうとすると、かえってうまくいかないもの。そこで考えられたのが、「1日でおむつをはずす」方法です。

人形がおしっこをする「トイレごっこ」を見せることで、子どもの「まねしたい」気持ちとやる気を引き出しながらチャレンジさせます。**ひとりでおしっこができたところで終了。「1日で」といっても、実際には数日かかることも。**肩の力を抜いて、「こんな方法もあるのか」という軽い気持ちで試してみて。

準備するもの

おまる

人形がおしっこする場面にも子どものトレーニングにも使います。トイレでしてもいいのですが、おまるのほうが手軽。コンパクトで持ち運びやすいものを。

人形

おしっこをするふりを演じるためのもの。できるだけリアルで、おまるにまたがるのに適した大きさのものだと説得力が増すのでおすすめです。

トレーニングパンツ

最初からうまくできる子はほとんどいません。失敗しても部屋を汚さなくてすむよう、トレーニングパンツを用意しておけば、ママもどんとかまえて臨めます。

おやつ・飲み物

じょうずにできたら、おやつや飲み物でお祝いしてもよいですね。また、尿意を感じさせるために、飲み物は普段より多めに飲むようにします。

① 人形を使っておしっこをする
シーンを実現する

スタート前に
チェック

人形に水を飲ませるふりをしておまるにすわらせ、「お
しっこが出たね」などと、**おしっこのシーンを子ども
に見せます。**「お人形さん、すごいね」と親は人形を
ほめ、子どもから人形にごほうびをあげさせて。「**お
しっこするのはいいこと**」と、「**おしっこするのはどう
いうことか**」を理解してもらうのが目的です。

☑ おしっこの間隔が2〜3時間あいていて、
一度にある程度まとまった量のおしっこが出る
　　　　　▶▶膀胱の筋肉がじゅうぶんに発達した

☑ 指でスムーズにものをつかめる。
ひとりで歩くことができる
　　　　　▶▶体が挑戦できるレベルまで発達した

☑ 「お人形をおまるにすわらせて」などの
指示に正しく従える
　　　　　▶▶言葉の理解が進んでいる

すべて ☑ がついたら
Let's start

② 人形が失敗するシーンを見せる

人形の「**おもらし**」を見せます。人形のパンツをこっそりぬらし
て子どもにさわらせ、親は人形に「ぬれてるね」と話しかけま
す。子どもといっしょに人形のぬれたパンツをはき替えさせま
す。1日の中で、**人形のおしっこシーンとおもらしシーンを交
互に2〜3回ほどくり返し**、子どもの印象に残るようにします。

① ▶▶▶▶ **②** を何度かくり返す

③ 15分間隔で子どもをおしっこに誘う

子どもに自分でパンツをおろしてもらい、**おまるにすわるよ
うに誘います。できれば15分間隔**で！　おまるにすわった
ら、ママは言葉かけを控えて、できるだけ静かにするのが
コツ。おしっこが出なくても**10分間くらいはすわる**ように、
がんばってみて。

Point
☐ **水分をたくさんとらせる**

☐ **パンツが上げ下げ
しやすい服装で**

④ おしっこが出たらほめる

おまるにおしっこすることができたら、「すごかったね！」と
ほめてあげましょう。**パンツを上げたり、おまるの中のおし
っこをトイレに捨てたりするあと始末も、親が教えながら
いっしょにやる**ようにしましょう。たとえ失敗してもしから
ず、次のタイミングでチャレンジを。

Point
☐ **できたことをほめる**

☐ **失敗しても怒らない**

誘われなくても
ひとりでおしっこが
できるようになったら
Goal!

おまるに出たおしっこの
あと始末も自分でできれば
完璧！
おまるに出したおしっこをトイレ
に流すことまで、ひとりで自然
とやれるようになれば理想的で
す。**おしっこの自立は、子どもの
精神的な自立でもあるのです。**

トイレトレーニング こんなときどうする？

ママが妊娠

●ママがつらければ中断するのもアリ！

妊娠したときにいちばん問題になるのは、**ママの体調**。つわりの時期、おなかが大きくなってきて苦しいときなどには、**無理せずトレーニングを中断**しましょう。それまでやってきたことがゼロになることはありません。**体調や環境がととのい、気持ちにゆとりができてから再開しても**、一からやり直しとはならないはず。

注意したいのは、下の子が生まれるまでにトレーニングを完了させようなどと、目標を立てることです。これは、あせりのもと。体調が不安定な妊娠中は、よけいにストレスを感じてしまいます。ママのイライラは、トレーニングにも悪影響。上の子といっしょに、赤ちゃんの誕生を楽しみに待つようにしたいですね。

ママ
アンケート

トレーニングを
中断した理由は？

その他 **2%**

季節が変わって
おもらしがふえたから
12%

下の子を
妊娠・出産
したから
29%

子どもが
病気をしたから
14%

おもらしが
多かったから
21%

しつこく誘いすぎて
トイレぎらいに
22%

トレーニングを一時中断した理由でもっとも多かったのは、「下の子の妊娠・出産」。ママに余裕がないとトレーニングはむずかしいみたい。

下の子が生まれた！

●赤ちゃんごっこのつもりで赤ちゃん返りにつきあう

下の子が生まれると、ママは赤ちゃんの世話にかかりきりになりがち。それがさびしくて上の子は赤ちゃん返り、トイレトレーニングもあと戻り、というパターンが多いようです。おしっこを教えなかったり、おむつをしてもらいたがったりするのは、みんなママに甘えたいから。できなくなったのではなく、**赤ちゃんと同じようにかわいがってもらいたい**のです。そんな子ども の気持ちを理解して、**赤ちゃんごっこにつきあうつもりでできるだけやさしく接してあげましょう**。

ただ、複数人の育児は重労働。ママにも時間や気持ちのゆとりが必要です。**大変なようならトレーニングもお休み**して。トレーニングを数カ月早く進ませるより、**親子のよい関係をキープしていくほうが**、この先よい結果を生むはずです。

お出かけする

●外出時は無理せず紙おむつでも

家のトイレとよそのトイレの違いは、子どもにとって大きなもの。それに外出中は子どももちょっと興奮ぎみで、おしっこの感覚に気づくのも遅くなりがち。トイレトレーニング中だけでなく、完了してもしばらくの間は、**外出時には無理せず紙おむつを利用するのも手**です。

もちろん、おむつをさせているからトイレは気にしなくていい、というわけではありません。いろいろなトイレに慣れることができるよう、**タイミングを見てトイレに誘うこと**を忘れずに。

●失敗したときの準備は万全に

パンツでのお出かけは、まずは近所のお散歩、次にお友だちの家などというように、**徐々に時間を長くしていくのも1つの方法**です。ただ、どんなに気をつけていても、やはり失敗はつきもの。**外出するときは着替えやタオル、汚れ物を入れるポリ袋**など、失敗したときの準備をしっかり持っていきましょう。**着替えはパンツやズボン、スカートだけでなく、靴下やシャツもあると◎**。準備をしっかりしておけば、安心してお出かけすることができます。

●出かける前のトイレを習慣に

移動中にトイレに行きたくなって困るのは、大人も子どもも同じ。出かける前にトイレに誘うのを習慣にしましょう。また、**トレーニング時期の子どもをもつママは、どこにトイレがあるのか敏感になっておくことも大切**。子どもが入りやすいトイレの場所を把握していれば、あわててトイレを探すことも少なくなるでしょう。**子ども用のトイレがあるところで誘っておく、レストランのトイレですませておくなど、先手を打つこと**もいいですね。

●きれいなトイレを利用する

家のトイレではうまくおしっこできても、外のトイレではダメという子も多いもの。**同じトイレでも、子どもにとっては大違い**なのです。特に外出先のトイレが汚なかったり、くさかったり、暗かったりした場合、おしっこをしたがらないばかりか、トイレぎらいになってしまう子もいるほど。汚ないトイレはできるだけ避けるのが賢明。**子どもがいやがらないきれいなトイレをうまく使って、外のトイレに慣らしていきましょう。**

●旅行のときはおねしょ対策を

旅行のときは、日中だけでなく、夜のおねしょ対策も必須！　**就寝中は、紙おむつをはかせたほうが安心**です。ただ、家でパンツで寝ている子は、おむつをいやがることもあるでしょう。**おねしょ用の防水シーツを持っていく、眠ったあとにそっと紙おむつに替える、バスタオルを腰に巻きつける**などの工夫をしましょう。

また、子連れの移動には便利な自動車ですが、急なトイレに対応しづらいのが難点。こまめに休憩をとって、トイレに誘いましょう。**携帯用のおまるやおしっこバッグ**を利用するのも一案です。

働くママの場合は…!?

●保育園と連携して家でもトレーニング！

両親が働いている場合、トイレトレーニングは保育園などにほぼおまかせすることに。保育士が子どもの状況を見ながらトレーニングしてくれるから安心です。また、**保育園の生活は規則正しいので、おしっこのリズムもつかみやすいもの**。「トイレでできた！」という達成感を味わうことで、やる気がアップします。また、子どもはまねっこが大好き。お兄ちゃん、お姉ちゃんがする様子を見ながら、スムーズにトレーニングをこなしていくようです。

ただ「**保育園でやってくれているから大丈夫**」と無関心になってはダメ。家でずっと紙おむつでトイレにも誘わないようでは、トレーニング進行のじゃまをしているようなもの。**保育士のアドバイスを受けながら、家でも園でのトレーニングを続けましょう**。

●神経質になりすぎずゆったりかまえて

保育園ではちゃんとトイレでできるのに、家で親が誘うとちっともできない、というケースも。親は「私の誘い方がダメなの？」と落ち込みがちですが、ここで**家庭でのトレーニングをスパルタにするのはかえって逆効果**になることも。

トイレトレーニングを優先しようとすると、子どもへの接し方もつい厳しくなってしまいがちです。保育園で規則正しい集団行動をしている子どもにとって、家に戻って親といっしょに過ごす時間は、貴重なリラックスタイム。せっかくの自由な時間を、トレーニングのために緊張させてしまうのは考えもの。**家でうまくできないのは、親に甘えたい心のあらわれ**です。家族で楽しく過ごすのが一番と考えて、**無理をせずゆったりとさせてあげましょう**。

保育園以外に預けている場合も預けている人との連絡は密にとって

保育園を利用せず、両親、保育ママ、ベビーシッターなどに預ける場合も、**連絡ノートなどを作って、こまかく連絡をとり合うことが大切**。めんどうを見てくれる人によって、トイレトレーニングのやり方や考え方が違っては、子どもが混乱してしまいます。ほかの人の意見も聞きながら、親の方針をしっかり決めて伝えましょう。もちろん、ほかのしつけについても同じです。

夜のおしっこの間隔を保育園に連絡
●2才9カ月

家でも、保育園でのリズムを参考にトイレに誘うように。トイレに行った時間を連絡ノートにメモして先生と共有しています。最近は、朝までおむつがぬれていないことも。夜もパンツにするか、先生と相談中！

保育園のトイレをまねして家のトイレもかわいくデコ
●2才4カ月

保育園ではトイレでできることもあるのに、家だと「ヤダ〜」と甘えん坊。**保育園のトイレを見習って、お花や動物のイラストを貼ってデコレーション**したら、家のトイレもいやがらなくなりました。

幼稚園入園までには完了しないとマズい！？

●入園までに！とあせらないで

幼稚園入園が近づくと、まだトイレトレーニング中の親は、なんとか入園までにと思ってしまうもの。でも、親のそういった強い気持ちは、子どもにプレッシャーを与え、トレーニングのプラスになりません。**入園までにおむつがとれればいいのは確かですが、あまり深刻にならず、これまでどおりのペースで進めて。**入園前にママと子どもの関係がこじれ、不安定になってしまうと、子どもは安心して幼稚園に通ったり、先生を信頼して行動することができなくなってしまいます。

子どもにとっては、どんなときでも親とのよい関係が基本。幼稚園に入れば、親と離れた生活が始まります。**入園前は、親子の信頼関係を深めることを大切にして。**

●心配なら先生に相談、入園したら先生を信頼

入園してしばらくは、先生がみんなを誘ってトイレに連れていってくれることが多いよう。友だちの様子を見るのもいい刺激になり、失敗は減っていきます。でも年少では、まだまだ失敗は多いものですし、年中、年長でも遊びに夢中でトイレに間に合わなくなってしまうことも。先生だっておもらしには慣れています。心配なら、先生に相談しておくと、気をつけて見てくれるでしょう。

入園したあとは、先生を信頼してまかせること。親が不安だと、子どもも不安になってしまいます。心配なことがあれば、連絡帳で伝えて。

1 家以外のトイレにも慣れさせる

幼稚園では年中、年長の子どもたちがよいお手本になり、自然と使えるようになるもの。でも、家のトイレ以外はどうも苦手という子の場合は、**入園前までにいろいろなトイレに慣れておきましょう。**和式や男の子用の便器にも慣れておけるといいですね。

2 トイレから出たら手を洗ってふく

トイレのあとの手洗いは習慣に。親に言われなくてもちゃんと洗い、タオルでふく、というクセをつけることが大切です。せっかく手を洗っても、シャツやズボンでふいてしまう子も多いようです。**きちんとタオルやハンカチを使えるように**習慣づけて。

3 きちんと紙を使う、きちんと流す

ひとりでおしっこができても、意外とできないのが、**トイレットペーパーをじょうずに使う**こと。まず、必要な分を引っぱって切り、おしりをふいて流す。ペーパーを切ったり、水を流すのも、全部ひとりでできるように親は見守り役に徹して。

4 トイレで困らないような服を用意

幼稚園に制服がない場合は、脱ぎ着しやすい服を選んで。デニムやボタンのあるズボンは扱いづらいもの。**ウエストゴムで、やわらかい素材がベスト。**長めのシャツやチュニックも、うまくたくし上げられなくておしっこをひっかけやすいので、避けたほうが◎。

「年少さんは失敗しても当たり前」と聞いて安心

●3才

トイレには慣れてきたものの、まだおもらししてしまうことも多かった息子。入園前に先生に相談したところ、「失敗することもあって当然ですよ」と言ってもらえて安心。**それまでどおりのペースで進めて、入園を迎えました。**

「先生に怒られるよ」のセリフで、幼稚園ぎらいに

●3才5カ月

失敗したときに「これじゃ、幼稚園に入れないよ」「おもらししたら先生に怒られるよ」と言ってしまいました。子どもは、「幼稚園に行かない」と怖がるだけで、効果なし。**おどすようなことを言ってはいけないと反省。**

中断したあとの再スタートは…!?

中断した原因を考えて、再開時期を決めて

あと戻りや失敗続き、親のイライラなどでトイレトレーニングを一時中断することは珍しくありません。しかし、たとえ中断しても、子どもは以前の「おむつの赤ちゃん」ではありません。トレーニングで意識するようになったおしっこの感覚は、子どもの中に必ず残っています。再スタートすれば、少しずつとり戻せます。

再開のタイミングを見きわめるには、まず中断の理由を考えてみること。引っ越して環境が変わった、下の子が生まれたなど、思い当たることがあるなら、状況が落ち着いたころを見はからいます。イヤイヤ期に突入などの場合は、半年～1年単位で待つ覚悟が必要かもしれません。

親のイライラでというケースは、スタートが早かったのかもしれません。子どもの心身の成長には目覚ましいものがありますから、少し冷却期間をおけば、新たな気持ちでとり組めるでしょう。

□ やる気は見られる?

イヤイヤが続いて中断したなら、再開前に子どもの様子を探って。「おしっこ出たね」から始め、さりげなく「トイレ行く?」の声かけを。まだいやそうなら、少し間をおいて。

やってみたい♡

□ 本人の体調はいい?

体調が悪いときは、機嫌も悪くなりがち。下痢ぎみなど、直接トレーニングに影響を与える体のトラブルもあります。再スタートは、本人の体調がいいときに。

いや～～!!

□ ママの忙しさは?

たとえば、下の子を出産したあとは、慣れない毎日でドタバタ。親が忙しいときは、ただでさえイライラが増しやすいのです。トレーニングはお休みしたほうが無難です。

□ 季節はどう?

年齢がちょうどいいのであえて冬に、というケースもありますが、ストレスが少ないのはやはり夏など気温の高い季節。再スタートには、春～夏がおすすめです。

さむい

●さりげなく誘うのが再開のポイント

いざ再開の日。以前と同じペースで始めたくなりますが、ここはグッとこらえて。**子どもの様子を観察し、機嫌のいいときを見はからってさりげなく「トイレ行ってみる?」と聞いて**みましょう。子どもがその気になってうなずくなら、とりあえず順調なスタートが切れたということ。**反応がなかったりいやがったりするようなら、無理をせず別の日に改めたほうが**いいでしょう。

スムーズな再開のために、中断している間も「おしっこ出たね」の声かけを続けたり、かわいいパンツをいっしょに買いにいったりした先輩ママもいるようです。

でき……っっ!

W・C

●親子の息を合わせることが 大事な条件

トイレトレーニングで大切にしてほしいのは、**親と子のコミュニケーション**です。いくら子どもにとって再開の条件がととのっても、親があわただしい毎日でトレーニングに集中できない、イライラしてしまう、というときは再スタートは切れません。逆もしかり。入園の前にはずしたい、と親が張り切っても、子どもが前向きでなければ、再び始めたことがさらにこじれる原因になることも。**親子それぞれの心と体のいい時期が重なったとき、それが再スタートにふさわしいとき**といえます。

case study
わが家はこうして再スタートしました!

気が乗らない!

▶▶**本人のやる気を待つ**

2才半のときに一度トレーニングを始めましたが、このときは私があせってストレスになってしまい、中断。ところが、3才直前のある日、突然「トイレに行く」と言いだし、あれよあれよという間に1カ月ほどで自分でトイレに行っておしっこができるようになりました。**本人のやる気が出るまで待ってあげることも大切だと実感!**
3才2カ月(女の子)

病気で中断

▶▶**体調の回復を待つ**

2才ごろからトイレに誘い始めましたが、1カ月ほどたったところで胃腸炎に。しばらく下痢などの症状が続き、トレーニングは一時休止せざるをえなくなりました。おむつにおしっこをするクセがついてしまったらどうしよう、と内心ヤキモキ。でも、体調が回復して再開したら、**1カ月程度で失敗もほぼなく、自分でトイレに行けるようになりました。**
3才6カ月(男の子)

寒くておもらし

▶▶**暖かくなってから再開**

夏にトレーニングをスタートしましたが、一進一退の進みぐあいで気づけば冬に。寒い季節はおしっこの回数がふえ、おもらしが急増。「しっかりして!」と私が毎日イライラしてしまって、**暖かくなるまで中断**を決めました。3月から再スタートしたら、すんなり進んで無事に終了。**季節のいいときのほうがストレスは少ない**ですね。
3才10カ月(女の子)

断固拒否

▶▶**保育園入園を機に**

2才を迎えた春にトレーニングを始めたものの、本人は断固として拒否。2カ月後に下の子が生まれたこともあり、赤ちゃん返りもあったみたい。しばらくお休みすることに。**転機は3才目前で保育園に通うようになった時期。**お友だちに刺激を受けたのか、家でもトイレでできるようになり、自分から「おしっこ」の言葉が出るまでに成長。
3才(男の子)

うんちトイトレの進め方

●うんちのトレーニングはいつから始める?

うんちが早くからかたくなっていて、いきむ動作をする子なら、**10カ月くらいからおまるやトイレに誘ってみてもいいでしょう。**ただし、「うんちをする」ということを理解して、**じょうずにいきんだり、がまんしたりできるようになるためには、やはりある程度大脳皮質が発達していることが必要です。歩いたりしゃべったりできるようになってから**のほうが向いています。

●うんちのトイトレは、おしっこよりもラクらしい!?

うんちのトイレトレーニングは、「トレーニング」と意識しなくても、自然にトイレでできるようになる傾向が高いようです。**1才前後になると1日に1〜2回の排便リズムができ、する時間帯もだいたい決まってくる**からです。

離乳食の後半に入ると、うんちはだんだんかたくなり、いきまないと出ないようになってきます。このいきむ動作があるために、親はタイミングを見つけやすいし、子どもも自覚しやすくなります。さらに**いきんでから実際にうんちが出るまでにある程度時間があるので、この間におまるやトイレに誘う**こともできます。うんちはおしっこよりも形やにおいがはっきりしているので、**うんちを「して理解する、見て理解する、聞いて理解する」**ということも簡単なのです。

●「絶対トイレで!」とプレッシャーをかけないで

おしっこはトイレでできるのに、うんちはいつもパンツの中にしてしまう、という子も。トイレでできないのは、いきみづらいからかもしれません。便座にすわると足が床に届かず、立っているときのように力を入れていきめないのでしょう。足踏み台を用意したり、おまるに切り替えるなどの対策を。

もう1つ考えられるのは、場所見知りです。**場所見知りの多くは、子どもがいきんだときに「待って待って!　トイレに行こうね」などと言ってびっくりさせたり、失敗したときにきつくしかりすぎたことが原因で起こります。**

おまるやトイレでできなくても、けっしてしかってはいけません。最初は、うんちをする「場所」へのこだわりをもたせないことが大切。ママから見えない扉の陰や部屋の隅に隠れてしてしまったり、ひどい場合はうんちをしてはいけないと思って便秘になってしまうケースもあります。**あせらずに長い目で見守って**いれば、場所見知りの問題は自然と解消されていくものです。

どちらが早く
トレーニングが終わった?

ママ
アンケート

ほぼ同時 20%
おしっこ 48%
うんち 32%

トレーニング完了は「おしっこが先」というキッズが約半数。おしっことうんち、同時に進めて一気に卒業!というママも2割に。

●うんちの感覚を覚えることからスタート

最初からおまるやトイレなどの場所にこだわるのは禁物。まずはうんちをする、ということから覚えさせましょう。うんちが出そうな感覚を感じとり、顔をしかめたり、「うーん」といきんだりして、うんちを出すことができるようになればまずOK。「うんちが出たね」とほめてあげましょう。

もしおまるやトイレ以外の場所でうんちをしてしまっても、しからずに「これがうんちだよ」と教えてあげるくらいのゆとりで接したいもの。子どもが自分の意思でうんちができるようになったら、うんちが出そうなとき=いきみの動作を見せたときに、おまるやトイレに誘ってみるといいでしょう。

夜のおしっこ、どうする?

●夜のおしっこはトレーニングできない

昼間のおむつがとれると、さあ今度は夜のおむつを、と思う親は多いはず。ただ、夜のおしっこに関しては、昼間のようにトレーニングはできないし、また、トレーニングしたからといってとれるものではありません。

おねしょは、子どもの能力や親のしつけとは関係なく、純粋に生理的な問題です。**3才の段階では、毎晩おねしょをする子どもは約2割くらい、ときどきする子は半分もいます。それが、5〜6才までに約97%の子が朝までおしっこをしないで**すむように。

つまり、夜のおしっこはトレーニングとは無関係に、年齢が進むにしたがい自立していくものなのです。

KEY WORD【抗利尿ホルモン】

夜間につくられるおしっこの量を左右するのが、抗利尿ホルモン。1才ぐらいまでは、寝ている間に抗利尿ホルモンがほとんど分泌されないため、**夜間にも大量のおしっこがつくられてしまう**のです。

抗利尿ホルモンの分泌は、**睡眠と密接な関係**があります。ぐっすり眠るほど、抗利尿ホルモンがたくさん出るという特徴があるのです。一日中寝たり起きたりする新生児は、昼夜の区別なく同じようなおしっこの量がつくられています。ところが睡眠パターンが変わってきて、夜にまとまって眠るようになると、しだいに夜のおしっこが減ってきます。それは**夜中の抗利尿ホルモンの分泌量がふえてくるからです。**お昼寝を必要としなくなる5〜6才ごろになると、このホルモンが順調に分泌されるようになり、ほとんどの子がおねしょから解放されます。

ここに注意!

無理やり起こすのは逆効果!

夜中に子どもを起こしてトイレに連れていけば、おねしょはなくなる。そう思っている親がいますが、これは大きなまちがいです。

夜中に子どもをトイレに連れていったとしても、夢うつつの状態。布団の上でおねしょをするかわりにトイレでしているだけで、なんの解決にもなりません。そればかりか、**かえって眠りのリズムを乱し、ぐっすり眠ることが大切な抗利尿ホルモンの分泌を不安定にしてしまいます。**

夜は子どもをぐっすり眠らせてあげること。これがおねしょ卒業への何よりの近道です。

おねしょをしてもけっしてしからないで

おねしょをされると、布団やシーツの洗濯が頭をよぎって、ついイライラしがち。でも、**おねしょは子どもにはどうにもできないこと。**子ども自身は「しまった」と思って傷ついています。そこでしかってしまうと、子どもはだんだんストレスがたまり、情緒不安定になってしまうことも。**プレッシャーを与えず、親はのんびりかまえていましょう。**おねしょは、親のしつけにも、子どもの能力ともなんの関係もなく、待っていれば必ず自然になくなっていくものです。

夜のおむつはいつはずれた?

昼がはずれてから半年以上 **24%**

昼のトレーニングが完了するころまでに **44%**

昼がはずれてから半年未満で **32%**

夜までパンツで眠れるようになる時期には個人差が。おむつ卒業後もときどきおねしょをするのは普通のことなので、あせりは禁物。

OH MY GOD...!!

おねしょのなぜ?を解明

夜のおしっこの量が多い

子どもは夜眠っている間に、大人よりもたくさんのおしっこがつくられます。膀胱の容量には限界があるので、それを超えればおしっこはあふれ出ます。これがおねしょです。

大人は、尿量を調整する抗利尿ホルモンが夜中に多量に分泌されますが、幼児期はそのホルモンが少なく、そのため夜のおしっこの量が多くなってしまうのです。**成長によって、このホルモンが出てくれば、自然におしっこの量は少なくなり、おねしょも減る**というわけです。

膀胱におしっこをためる力が弱い

おしっこをためてがまんする力が未熟なことも、おねしょの原因になります。たとえば親が日中1時間おきくらいに「おしっこに行こう」と神経質に促し続けていると、膀胱に少しおしっこがたまっただけで出すことが習慣に。すると、夜眠っている間も、ほんの少したまっただけで頻繁におしっこが出てしまうようになるのです。**おしっこをためる膀胱の力と、出すのをがまんする抑制機能を育てることも大切。**昼間はほとんど自立できている子どもなら、モジモジし始めても意識的にがまんさせることも必要です。

「おしっこするって気持ちいい！」を実感
おむつなし育児

136-140ページ

おむつなし育児研究所所長
和田智代

おむつでの排泄を当たり前にしない育児法です

子どもの排泄に気持ちを向ける

おむつなし育児をひと言で言えば、**「おむつの中で、おしっこやうんちすることを当たり前にしない育児法」**です。子どもの排泄に気持ちを向けることが目的なので、「まったくおむつを使わない」ことをめざすわけではありません。

大人と同様に子どもだって、おむつやパンツでまたがふさがれたまま排泄をするのは、気持ちが悪いことではないでしょうか。おむつなし育児は、**おしっこやうんちがおしりにつきっぱなしにならない、よい排泄習慣**です。おむつの外であれば、おしっこやうんちが「すっきり出た！」という快感が残るでしょう。

多くのママたちは、普段はおむつをつけていて、「おしっこしたそうだな」と思ったら、**できるだけ早くおむつをはずし、トイレやおまるにささげるという方法**をとっています。子ども自身が排泄に気づきやすいように布おむつがおすすめですが、紙おむつ、トレーニングパンツ、綿パンツなどなんでもOKです。

「おまるイヤイヤ期」が来ることも

おむつなし育児が順調に進んだとしても、生後8カ月ごろから年齢が上がるに従って、トイレやおまるで排泄するのが「イヤ！」となることがあります。これが、**おまるイヤイヤ期**」です。さまざまなことに興味をもつようになり、好奇心のアンテナが多方向へ向くと同時に、自己主張も強くなるからです。

子どもは、「自分がしたいようにしたい」と思っているだけで、「おむつの外で、おしっこやうんちをしたくない」と言っているわけではありません。**「この姿勢でしたくない」「この場所ではイヤ」「ママに促されるのが不満」**といった気持ちを表現しているのです。自我が芽生えてきた成長のサインなので、おおらかな気持ちで見守ってあげてください。子どもが「おまるイヤイヤ期」に突入したら、ネガティブに考えるのではなく、**「いままでの方法を変えてみる機会」**ととらえるとよいかもしれません。

「おまるイヤイヤ期」は数週間で終わる子もいれば、数カ月間と長期化することもあり、途中でおむつなし育児をあきらめてしまうママもいます。**いったんお休みして再開**するなど、**細く長く**続けましょう。

「おまるイヤイヤ期」のじょうずな対応

- ●排泄の場所を変えてみる
  （トイレ、おまる、お風呂、庭など）
- ●トイレやおまるに連れていくことを、いったんやめてみる
- ●トイレやおまるにすわらせる頻度を減らす
- ●ママや家族がトイレでするところを、実際に見せる
- ●人形やぬいぐるみに「シーシー」と言いながらトイレごっこをするなど、遊びにとり入れる
- ●「おまるやトイレでしてほしい」ビームを出さない。「おもらししてもいい」といった気軽さをもつ

おむつをはずす3つのパターン

おむつなし育児の進め方は、どれくらいの頻度でおむつをはずし、トイレやおまるでキャッチしてあげるかで変わってきます。大別すると、次の3つになります。

● **一日中おむつ以外のところに排泄させる**

● **おむつ以外で排泄させる時間を決めて、短時間だけ行う**

● **1日1回、週に1回など、回数を気にせず、ゆる〜く試す**

子どもの様子を見ながら、お世話をする人やそのときの状況に合ったやり方を選んでください。

排泄ポーズのいろいろ

授乳しながらおまるをあてがう
ママが比較的ラクな姿勢です。

トイレに対面するように、ママがだっこしながら
子どもの体全体をしっかり支えましょう。

典型的な「シーシー」のポーズ
子どもにはラクな姿勢です。屋外で手軽にすませてしまいたいときにも。

ママのひざの間におまるをはさみ、その上でだっこ
ママが体全体で支えられるので、安定感があります。

洗面所で鏡を見ながら
自分のおしっこをする姿を見ながら。

おまるにすわりながら
ママが後ろについてあげましょう。

立ったまま
お風呂の浴槽など、つかまる場所があると立ってしたがる子どもは多いです。

「ここでしなければならない」という場所はありません。トイレやおまるのほか、庭、ベランダ、公衆トイレ、お風呂場など、子どもの好きな場所で排泄させてあげましょう。「こんなところでさせると、トイレですることをいやがるのでは?」と心配するママもいます。しかし、子どもは賢く環境に順応します。**年齢が進むにつれて、周囲の大人やきょうだいの姿を見て、きちんとトイレでするようになるでしょう。**

紙おむつ生活から、ドキドキの初挑戦！

勇蕗くん(2才1カ月)& ママ

「紙おむつが便利で、ずっと使っています。ただ、動きが活発になってきてから、おむつをはずして身軽にさせてあげたい気持ちもあって。お風呂に入るときだけ、浴槽につかまって立ちながらおしっこをシャーってするのが気持ちよさそうだったので、おむつなし育児に挑戦したいと思いました」

勇蕗くんの DATA

- おむつなしは、今回はじめての挑戦
- 自宅と保育園は紙おむつ
- 保育園では何回かトイレで成功しているが、自宅ではまだ
- 保育園は、3才ごろまでにおむつがはずれればよいといったスタンス

Point 1 自分でパンツを選ばせて

まずは、用意した数枚のパンツの中から、勇蕗くんに好きなパンツを選んでもらいました。パンツは自分で選ばせると、モチベーションが上がります。勇蕗くんは、緑色のパンツに決定！ **「おむつをはずすと気持ちいいね」** というママの声かけとともに、新しいパンツをはかせてもらった勇蕗くんは、そのフィット感に満足そう。

◀用意したグッズ。綿パンツ2枚、トレーニングパンツ3枚、おまる、防水シート（寝るとき用）、補助便座。

▶「どのパンツをはきたい?」というママの言葉に、パンツを手にとりながら考え中。最終的には、好きな緑色の綿パンツに。

◀おむつをはずして、いよいよパンツに。緊張ぎみなのか、その場を動かない勇蕗くん。

Point 2 パンツをはきながらくつろぎタイム

まずは、15〜30分を目安に、勇蕗くんの好きな絵本タイムをパンツで過ごしてみました。何十回も読んでいる『かみなりおやこ』を見ながら、すっかりくつろいだ様子。ソファに上がったりすわったり、いつものように活発に動き始めました。ニコニコしながらリビングを走り回る姿も軽やかで、**「おむつのときより、のびのびしている気がします」** と、ママはうれしそうです。

▲パンツに慣れてもらうように、悠子さんが絵本の読み聞かせを。ママの隣で安心したのか、勇蕗くんは集中モード。

▲「なんだか身軽になっちゃった」という感じで、動きが活発に。ソファに乗るのもヒラリ!

◀こんなポーズも披露。「おむつしてないから、足が動かしやすいんだもん」

Point 3 やった～！いきなり成功

30分ほどのくつろぎタイムのあと、**「おしっこしてみようか」**とママが誘ってみました。子どもは立ちながらするのが好きな傾向があるので、勇蕗くんが立っているところにおまるをセット。**「シーシー」と声かけ**をすると、なんとはじめてのおまるでみごとに成功！「うわぁ、出たね～！」とママの歓喜の声に、勇蕗くんも得意げでうれしそう。おむつから解放された空間に放つ気持ちよさを実感したようです。

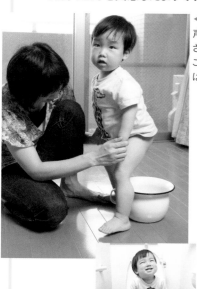

◀「シーシー」というママの声かけに、おしっこを成功させた勇蕗くん。「すごいすごい！ 出たね～」と、ママは感動&ほめまくり！

▲その後、何回かおまるにすわらせてみるものの、思うようには出ませんでした。
◀トイレに補助便座をセットして、すわらせてみることに。足元が不安定なので、ソワソワしているようです。

Point 4 「おしっこバイバ～イ」をしよう

おまるの中にたまっているおしっこを、珍しそうに眺める勇蕗くん。この行動から、**おしっこが自分の体から出ることを実感**して、汚いものではないという肯定感が生まれます。おもらししても、深刻にならないでいられるでしょう。ママといっしょにおまるをトイレへ持っていき、おしっこは便器に流します。**「おしっこバイバ～イ！」**というママの言葉に、手を振る勇蕗くん。ちょっぴりお兄ちゃんになったようです。

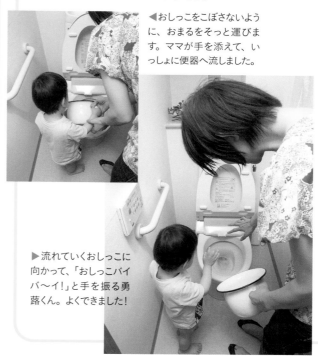

◀おしっこをこぼさないように、おまるをそっと運びます。ママが手を添えて、いっしょに便器へ流しました。

▶流れていくおしっこに向かって、「おしっこバイバ～イ！」と手を振る勇蕗くん。よくできました！

Q 初日を終えた感想はいかがですか？

Ⓐいろいろなところを汚されると覚悟したのに、案外おまるできちんとできるんだとびっくりしました。大人が勝手に、「まだ、おむつはずしは早い」と決めつけていたのかもしれません。

Q その後、1カ月続けてみた様子を教えてください。

Ⓐ保育園と夜中は紙おむつで、休日やお風呂上がりはおむつなしに。成功率は50％くらい。でもおしっこに敏感になったのか、紙おむつのときも、「おしっこ出た。とり替える～」と教えてくれます。

Q おむつなし育児の楽しさってどんなところ？

Ⓐ成功したとき、家族で「すごいね～！」って喜べるところ。何より本人が気持ちよさそうで、トライしてよかったと思います。トイレにおまるを運ぶとき、宝物を運ぶようで誇らしげです（笑）。

Q 「無理をさせている」と言われます

A 子どもは喜んでいる。自信をもって

おむつなし育児を知らない人たちの言葉に、惑わされないで。「おまるイヤイヤ期」などで無理をさせているなら、**一時中断はありえます**。しかし、そのほかの時期では、**子どもは解放感にあふれ、喜んでいます**。堂々と続けてください。

Q 夜もおむつなしにしたいのですが

A 夜はうまくいかない子も。防水シートなどを活用

おむつなし育児は、昼と夜では勝手が違います。昼はうまくいったとしても、夜はうまくいく子・いかない子とさまざまです。いつおねしょをされてもいいように、**布団の上に防水シートを敷く**など工夫をし、汚されたらさっと片づけましょう。

Q 旅行する期間はどうすればよい?

A プラスチックの密閉容器を簡易おまるに

できる範囲でおむつなしを実践して、必要なときに、おむつをじょうずに利用するとよいでしょう。「おまるが荷物になる」と思ったら、**ふたつきのプラスチック製密閉容器**などで代用できます。男の子は、**広口のペットボトル**が便利です。

Q 仕事が忙しくてもおむつなし育児できる?

A 生活スタイルに合ったサイクルでOK

「毎日やらなければ」「一日中がんばらなければ」などと思わずに、**1日1回、週に1回、休日のみでも大丈夫**。自分に合ったやり方をすればよいのです。朝起きたとき、開いたままのおむつの上でおしっこをさせるだけでもじゅうぶんです。

Q 熱があるときや、下痢のときは?

A 無理をしないでおむつに頼って

「おむつなし」に、こだわることはありません。子どもと自分の状況で判断し、「おむつが便利だな」と思うときは、積極的に頼ってください。親が**つらいときや忙しいと思うときにも、おむつをじょうずに活用**すればよいのです。

Q おまるとトイレ両方使うと混乱しない?

A 子どもは柔軟。問題ありません

親が思っているより、子どもは環境へ柔軟に対応します。あまり心配しないでくださいね。おむつなし育児にトライしたほとんどのママたちは、両方併用しています。子どもに、**おまるかトイレを自由に選ばせてあげるのも〇**。

Q ほかの人に預けるときは?

A 排泄パターンを伝え1〜2回成功でOK

昼寝後や授乳中など、まず排泄パターンを伝えます。**1日1〜2回でよいので、トイレやおまるにささげてもらう**ようにお願いしましょう。相手に負担をかけたくないときは、足をムズムズさせたときなど、明らかなしぐさをしたときだけでも。

Q おむつなし育児はどんなよいことがある?

A 見返りを求めず純粋に楽しんで

「こんなよいことがあるから、おむつなし育児をする」という発想は、少し違います。子どもが気持ちよくいられるように、実践するのです。また、**子どもに手をかけ目を向けることは、親にとって楽しいこと**を実感してください。

PART 5

忙しい毎日のなかでできることから
よい生活習慣を
身につける

きれいな歯のためにいまできること、
片づけ力を身につける、
スマホ＆インターネットとのつきあい方など
日々の積み重ねがよい習慣をつくります。
乳幼児教育の基本の考えは
「育ちの主役は子ども」
「大人は育ちを導くガイド役」です。

きれいな歯を手に入れる ためにできること

仕上げみがきは最低でも 1日1回は行いたい

みなさんはどうやって子どもの歯をみがいていますか?

育児誌『ベビモ』のアンケートによると、ほとんどの親が「子どもをむし歯にしたくない」と思って歯みがきをがんばっている様子。ベビー時代は「仕上げみがきはまだしていません」とか「赤ちゃん用のやわらかい歯ブラシで仕上げみがきをしています」という声が多数ありました。イヤイヤ期もこれでいいのでしょうか?

歯の本数がふえるイヤイヤ期にこれではじゅうぶんではありません。本来は、**1本目が生えたときから仕上げ用の歯ブラシを使うほうが抵抗なく受け入れられます。**もしまだなら、すぐに仕上げ用歯ブラシを用意しましょう。**仕上げみがきは機嫌のいいときに1日1回。慣れて**

142-145ページ

テクノポートデンタルクリニック院長
倉治ななえ

きたら朝晩の2回に。2才半ごろに奥歯が生えてきたら、**就寝前には特にていねいにみがくようにします。**

1才ごろからは甘いおやつを食べる機会もふえますが、「**キャンディやジュースは口全体に糖分が行き渡り、おすすめできません**」と倉治先生。なるべく食べさせないのが原則。そして、**食べたら歯みがきをお約束にしましょう。**

乳歯はむし歯になりやすい!

乳歯と永久歯をくらべると、歯の表面のエナメル質は乳歯のほうが薄く、歯髄(神経)は乳歯のほうが大きくなっています。そのため、乳歯がむし歯になってエナメル質がとけると、あっという間に神経に達してしまいます。これが、乳歯のむし歯が進行しやすい理由です。歯のエナメル質は、だ液中のミネラル分や歯みがき剤のフッ素を吸収して強くなるので、ていねいなケアで歯を強くしましょう。

乳歯

うすい
エナメル質
象牙質
歯髄
(神経)
大きい
セメント質

永久歯

エナメル質
セメント質
象牙質
歯髄
(神経)

2本

5〜6カ月ごろ

『ベビモ』アンケートでは5〜6カ月で生えた子が半数。それより早い子も少数いました。

4本

10カ月ごろ

多くは下前歯→上前歯の順。たまに上が先に生える子もいますが、問題はありません。

8本

1才ごろ

遅いと、1才ぐらいでやっと最初の1本が生えるケースも。これも特に問題はありません。

乳歯が生えそろうのは2才半ごろ。
永久歯になる前にむし歯にさせないで！

「乳歯は抜けるから、むし歯になってもいいのでは？」という声がチラホラ聞こえます。でも、それは大まちがい。**乳歯の段階で口の中に"虫歯菌"がふえると、生えたての永久歯もすぐむし歯になる可能性**があります。また早い段階で乳歯をむし歯で失うと、歯並びに影響が。乳歯の間も、しっかり仕上げみがきを習慣にしましょう。

12本

1才半ごろ

前歯4本から少し離れて、第一臼歯（奥歯）が顔を出します。しっかり仕上げみがきを。

20本

2才半ごろ

最後に生える第二臼歯は小学校卒業ごろまで使う歯。特にていねいにみがいてください。

16本

2才ごろ

前歯と臼歯の間に犬歯が生えてきます。"虫歯菌"がうつるのはこのころがピークだとか。

143

きれいにしっかり歯をみがく
じょうずな歯みがきのコツ

歯みがきぎらいにならないように、じょうずなみがき方をマスターしましょう

仕上げみがきのイヤイヤ原因はさまざまですが、見ていて気になるのが、親の仕上げみがきが意外に乱暴なことです。

子どもの口の中はやわらかく、傷つきやすいのです。ブラシは短く持ち、大人の小指などを子どものあごに固定させましょう。**使うのはブラシの先端2列ほど。**毛先を歯に直角に当て、シャカシャカと小刻みにみがいてください。歯みがきの順番も決めましょう。**右下の奥歯の表**側から、左の奥歯へ、次に**上の歯の表面**をみがき、**上下の裏側へと歯ブラシを動かす**とスムーズです。

コツ ①

歯ブラシは「自分用」「仕上げ用」の2本を必ず用意

子どもが使う**「自分みがき用」**のほかに、大人が使う**「仕上げみがき専用」**の計2本を用意しましょう。自分みがきは、いずれは自立して歯のケアができるようにするための練習なので、楽しく続けられるようにお気に入りキャラクターのものを選ぶのもおすすめです。

コツ ②

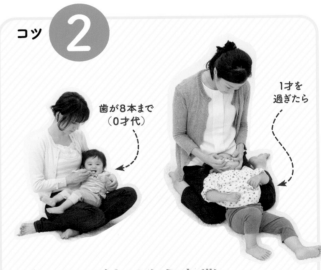

歯が8本まで（0才代）

1才を過ぎたら

だっこみがきはもう卒業。
1才以降はあおむけで

歯の本数がふえてくるイヤイヤ期は、**奥歯までしっかり見えるように、寝転がらせて**みがきます。頭を後ろに傾けるようにすると奥まで見えやすいです。奥歯が生える前からこの姿勢に慣れさせておくと、イヤイヤしにくいです。

コツ ③

くるりん くるくる
↑表面しか みがけない
ピカ ピカ

ナップではきれいにしきれません。歯全体をみがくには**歯ブラシが必要**です

赤ちゃんのうちは、歯をナップでふいて口もとをさわられるのに慣れさせるのもいいのですが、**イヤイヤ期に入ったらナップは卒業**。歯のくぼみや歯と歯の間は、ナップではみがけません。歯ブラシの毛先を歯のくぼみや歯と歯の間にくまなく当てて、ていねいにみがきましょう。

コツ ④ 歯ブラシは**えんぴつ持ち**で無駄な力を抜いて

歯ブラシはギュッと握らず、えんぴつを持つように。はじめは、なるべくブラシに近いほうを持つのがコツ。歯ブラシを固定しやすく、痛くなくみがけます。力の入れ方は大人のつめの生えぎわに歯ブラシを当ててみて、くすぐったいくらいのかげんで。力が強いと痛がる原因に。

下の奥歯
歯ブラシを持つ手の小指と薬指を下あごに固定し、反対の手で口を広げます。上の奥歯は上の前歯と同じ方法で。

下の前歯
歯ブラシを持つ手の小指と薬指を子どものあごのラインに添わせるようにして固定します。反対の手で顔を支えて。

上の前歯
歯ブラシを持った反対の手の人さし指で、上唇小帯という粘膜のひもを押さえてガードします。

歯みがきイヤイヤ対策は？

● **自分で歯ブラシを選ばせよう**
イヤイヤ期は自己主張の時期でもあります。歯ブラシを色違い、がら違いで数本用意し、好きなものを選ばせてみて。自分で選んだ道具を使うことで、満足感がアップ。

● **人形に歯みがきしてみよう**
大好きなぬいぐるみを使って「ワンワンの歯もみがいてあげて」と、子どもにお世話をさせてみて。終わったら、「次は○○ちゃんの番ね！」と誘導しましょう。

● **歯みがき絵本を親子で読もう**
絵本を通じて「歯みがきは怖くない」と、教えてあげましょう。歯みがきしている絵本の登場人物になった気分で、いっしょにがんばろう！と歯みがきするのも◎。

番外 **どうしてもイヤなら週1回だけしっかりみがき**
泣きわめく子と毎日格闘するのが大変なら、週1日でもいいから夫婦同時に時間がある日に、しっかりケアを。押さえる係、みがく係を分担し、親は笑顔でトライして。

歯みがきQ&A

Q "虫歯菌"は1個でもあったら、もうアウト？

A 必ずしもそうとは限りません。神経質になりすぎないで
むし歯は"虫歯菌"による感染症ですが、うつさないためにスキンシップを減らす必要はありません。口うつしで食べさせないなどに注意してほしいですが、"虫歯菌"がうつっても努力しだいでむし歯にさせないことは可能です。

Q 仕上げみがき用歯ブラシの選び方は？

A やわらかく短い毛足でコンパクトなヘッドのものを
やわらかい歯ぐきに負担をかけずに歯の表面をしっかりみがくために、①やわらかい毛、②歯の表面をしっかりみがける短い毛足、③子どもの口に無理のないコンパクトなヘッド、④握りやすい柄を基準に選びましょう。

Q 「癒合歯」です。ケアはどうしたらいい？

A 歯のみぞをきれいにするように気をつけましょう
癒合歯とは、歯と歯がくっついて生えた状態の歯のことです。たてにみぞがあり、歯垢がたまりやすいので、特にていねいにみがきましょう。永久歯が規定の本数あるかどうかは、歯科で確認してもらいましょう。

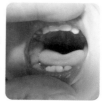

よい歯並びにするために できること

「永久歯が生えるまでは気にしない」では よい歯並びのチャンスをのがすかも

146-149ページ

大野矯正クリニック理事長
大野粛英

歯並びトラブルの原因は 遺伝、むし歯、指しゃぶりなど

歯並びは遺伝のほか、指しゃぶりなどのクセ、むし歯、あごの発達不良などが要因となって、「よい・悪い」が決まります。**きれいな歯並びのためには、実は乳歯の時期のケアがとても大切**です。

「歯並びが悪い」といってもその形状はさまざまです。代表的なのは、右ページで紹介している受け口、出っ歯、乱杭歯、交叉咬合、開咬です。

このうち、**受け口と出っ歯、乱杭歯は、日本人が世界でいちばん多い**といわれています。3つとも、遺伝の要素が強い歯並びです。身内に受け口の人がいれば、子どももそうなる可能性が高く、自然には治りません。遺伝的な受け口は2段階治療といって、**乳歯の時代に最初の矯正治療**をします。その後、**思春期にあらためて本格的な治療**をしますから、長期戦です。

ただし、歯並びのトラブルはすべて遺伝で決まるわけではありません。受け口でも下の前歯が出ているのが4本以下なら、舌で下前歯を押すクセなど、遺伝以外の原因も考えられ、永久歯に生え変わるときに直ることもあります。

乳歯時代のほうが 治療しやすい歯並びもある

5〜6才ごろまでの乳歯時代は、右ページの3カ条にあげたように、**遺伝以外に歯並びを乱す原因をできるだけなくすように心がけましょう。**指しゃぶりを続けていると、上下の前歯にすき間ができ（開咬）、出っ歯になっていきます。**指しゃぶりは3才を過ぎたらさりげなく指をはずす**など、やめさせる努力をしてください。

また、**奥歯が生え始めるころから意識してかむ習慣をつけさせる**ことも大切です。歯の大きさは遺伝的に決まっていますが、**よくかんであごの発達を促せば、大きな歯でもきれいに並ぶスペースができる**からです。

歯並びのことを考えるのは「永久歯が生えてからでいい」と思いがちですが、乳歯のうちに行ったほうがいい矯正もあります。気になるときは4〜5才までに矯正歯科に相談しましょう。適切な時期に治療することで、矯正の効果が高まります。

歯並びのための3カ条

① 乳歯にむし歯をつくらない

乳歯のむし歯がひどくなって抜けると、永久歯が本来の位置からずれて生えたりして、歯並びが悪くなりがちです。また、**むし歯のある環境に生えてくる永久歯はむし歯になりやすいので**、乳歯時代からむし歯にならないように気をつけましょう。

② よくかむ習慣をつける

歯の大きさは遺伝で決まっています。歯の大きさに対してあごの骨がじゅうぶんに発育しないと、永久歯が生えるスペースがなくなって、乱杭歯になります。**あごは「よくかむ」ことで発育**します。調理の際に少し大きく切ってかむ回数をふやすなど、工夫してみて。

③ おしゃぶりに頼らない

指しゃぶりは歯並びに影響するといわれますが、おしゃぶりも同じこと。**3才ごろまでは指しゃぶりもおしゃぶりも問題ありません。** この時期を過ぎたら、さりげなく指をはずす、おしゃぶりに頼らずに寝るなど、日常生活で心がけるようにしましょう。

こんなものがあります！

歯並びトラブル

出っ歯

上の前歯や上あごが前に出ている状態。遺伝以外に、指しゃぶりなどで上下の前歯にすき間があいてしまう開咬から出っ歯になることもあります。

受け口

下の前歯が上の前歯より前に出ている状態。遺伝の要因が強く、全員が受け口という家庭も。気になる場合は、5〜6才になったら受診しましょう。

開咬

上下の歯の間があいている状態。出っ歯を誘発することも。おしゃぶりや指しゃぶりを5才過ぎまでしていたり、下唇をかんだり吸ったりするクセが原因に。

交叉咬合

上下の奥歯が交叉し、上下の前歯の間の中心線がずれている状態。かむときにずれるので顔全体がゆがんできます。指しゃぶりが原因のことが多いようです。

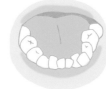

乱杭歯

あごが小さくて歯が並びきれず、歯列ででこぼこになった状態。乳歯のむし歯がひどくなって抜けると、永久歯が正しい位置に生えずに乱杭歯になることも。

気になる歯並びと歯列矯正Q&A

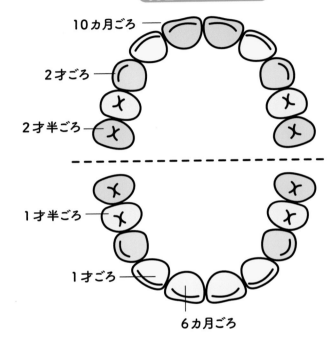

乳歯の生える時期

10カ月ごろ

2才ごろ

2才半ごろ

1才半ごろ

1才ごろ

6カ月ごろ

Q 歯が生える順番と歯並びには関係がありますか?

A 生える順番は気にしなくても大丈夫

歯が生える時期や順番には、ばらつきがあります。1才過ぎてからようやく生え始める子や、上の歯から生える子も。**プラスマイナス6カ月程度のずれなら、心配いりません。**

Q 歯が大きいように見えます。並びきれずにデコボコの歯並びになるのでしょうか?

A 子どもの口が小さいからそう感じるのかもしれません

子どもの歯が大きいのではないか、と感じるママは意外と多いようです。それは、歯に対して子どもの口がまだ小さいから、相対的にそう見えているのかもしれません。**歯の形や大きさには個人差があり、きょうだいでも違います。**あまり神経質になる必要はありませんが、心配なら一度、小児歯科に相談してみましょう。

Q 歯と歯の間にすき間があります。このまま、すきっ歯になるの?

A 乳歯時代はすき間があるほうが、いい歯並びに

すき間があると歯並びが悪そうに見えますが、**乳歯時代はすき間のあるほうがいいのです。**永久歯は乳歯よりも大きく、本数も多いからです。乳歯時代にすき間なく生えているほうが、将来の歯並びが心配です。

Q ぶつけて歯が欠けてしまいました。乳歯だからそのままにしておいても大丈夫?

A 歯科で必ず手当てを受けましょう

歯が欠ける、もぐる、などの衝撃は、骨の中にうまっている永久歯に影響している可能性が。永久歯が生えてきたときに一部、変色しているかもしれません。**歯ぐきから出血したりぐらつきが激しかったりしたら、小児歯科を受診しましょう。**

Q 乳歯のうちに矯正しておいたほうがいい歯並びはある?

A 骨格遺伝やクセによるトラブルは乳歯時代から

受け口、交叉咬合、開咬は、乳歯時代の矯正治療が効果的です。**受け口は下前歯6本が上前歯より出ていたら早めに治療**を。交叉咬合も乳歯の時期に治療しましょう。開咬は指しゃぶりをやめさせるとともに、矯正装置を使うことも。

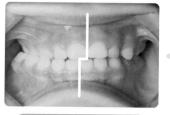

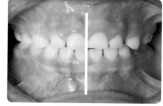

交叉咬合の治療前　治療後

Q 子どもの歯並びはどうやって治すの?

A 成長する力などを利用して歯を動かします

6〜7才で永久歯が出始めるまでは、**歯が成長する力を利用したり抑制したりしながら、矯正装置で歯を動かします。**矯正装置には歯列を広げるもの、舌のクセを治すもの、歯やあごを移動させるものなどがあります。

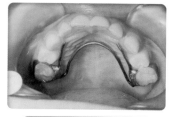

交叉咬合の治療

狭くなった上あごの歯列を矯正装置で広げ、元の幅に戻します。あごや顔のゆがみも治ります。

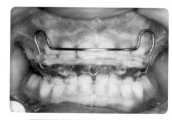

出っ歯の治療

指しゃぶりや下唇をかむクセが原因のときは、指や下唇が入らない装置をつけます。

Q 歯並びの矯正にかかる時間とお金は?

A あごの発達や遺伝が関係すると時間も費用もかかる

いつ、どんな装置を使って治すかで、時間も費用も変わります。あごの発育や遺伝が関係する場合は、年単位の長期ケアに。**矯正治療は基本的に健康保険がききません。**一例として、矯正歯科の基本検査料は4万〜5万円です。

Q 矯正治療は何才ごろからできますか?

A 聞き分けがよくなる4才半〜5才くらいから

大きくなってからでは治りにくい交叉咬合など、早期に開始したほうがいいものもありますが、4才前はまず無理。**4才半〜5才になれば、治療に対する理解が出てきます。**矯正歯科で相談しながらとり組みましょう。

Q 指しゃぶりがやめられません

A できるだけ3才までにやめさせる努力を

幼児期まで続く指しゃぶりは、歯並びトラブルの原因になります。3才を過ぎてもやめられないようなら、**外遊びをたくさんさせ、疲れてパタッと寝るような環境づくりを。**4才過ぎても続いているなら、やめたほうがいい理由を言い聞かせましょう。

片づけ力を身につける

150-157ページ

社会福祉法人Cha Cha Children & Co. 理事
保育のプロフェッショナル
迫田圭子

片づけには「しつけの極意」が詰まっています！

ものがあふれた社会で片づけは重要テーマ

子どもに伝えたい"生活のしぐさ"はいろいろありますが、**「何がいちばん大事ですか？」と聞かれたら、私は迷わず「片づけです」と答えると思います。**

片づけとは、使ったものを元の場所に戻すという作業です。そのくらいだれでも簡単にできると思うのですが、実際には苦手な人がとても多いのではないでしょうか。

家の中にものが少なかった時代には、片づけはさほど苦痛な仕事ではなかったはずです。ひとつひとつのものが貴重でしたし、家も狭かったので、片づけが日常の動作の中に浸透していたのでしょう。

ところが、いまは**ものがあふれた社会**になりました。洋服は何十枚……いいえ、何百枚もあり、食器だって、文房具だって、おもちゃだって山のよう。片づけはけっして簡単なことではありません。

ものを大切にする人は人も大切にできる

でも、片づかない家の中では、ものが見つかりませんし、居心地が悪いですよね。もっと悪いのは、それに慣れてしまうことです。「散らかった部屋でも自分は平気」とか「ものを探すより、買っちゃったほうが早い」とか、そんなふうに思うのは悲しいことです。**ものを大切に、ていねいに扱うことは、周囲の人を大切にする気持ちや、自分の人生をていねいに歩む気持ちと、どこかつながっていると思うからです。**

自分の持ち物を片づけることは、自分の持ち物への責任を果たすことでもあります。ないと自分が困りますし、ふえすぎると管理できません。お金の使い方ともかかわってきます。みんなで使うものを片づけることは、「ここにないと、ほかのだれかが困るかもしれない」という思いやりや、ルールを守ることにもつながります。

また、片づけてくれた人への感謝の気持ちも生まれるでしょう。**「片づけ力」はすなわち「人間力」でもあるのだと、私は思います。**

うん!!ママ大好き

やろっ…

Q 片づけ力、なぜ大事なの？

A 「出す→使う→元に戻す」の流れは、すべての家事につながる！

料理でも、洗濯でも、身支度でも、使ったものを戻すところまでが、一連の流れになります。これが苦痛なくできるようになることで、生活力が身につくのです。

Q 私自身、片づけが苦手です

A まずは「これが完成形」のととのった部屋をつくって

部屋が日常的に散らかっていると、子どもは「完成形」が認識できません。片づけを教えるためには「この状態に戻すんだよ」と伝えられる状態に部屋をととのえましょう。しつけはそれからです。

STEP 1 「これはだれのもの?」を "うれしさ"の中で伝えましょう

片づけじょうずさんへの道は、**「ものの分類」から始まります。** コップ＝食器、ぬいぐるみ＝おもちゃ、ハサミ＝文房具……そういった「属性」を意識すると、もののしまい場所がスムーズに決まり、片づけやすくなります。でも、それは小さい子にはちょっとハイレベル。属性を理解する最初のステップとして、**「これはだれのものか」から始めましょう。**

文房具は文房具だけの入れ物、おもちゃはおもちゃだけの箱など、しっかり分けてあげると、片づけがしやすくなる！

3つの分類を日ごろから伝えよう

分類 1 自分のもの

小さいころから「これはあなたのものだよ」と伝え、「自分のもの」を認識してもらうことが大切です。「自分のもの」があることは無条件でうれしいもので、そのうれしさがものを「大切にしよう」と思う気持ちにつながるからです。大切なものは壊してはいけないし、またすぐ使いたい。それが片づけの原動力です。しかし、「自分のもの」が多すぎれば、扱いは雑になり愛着も減ります。

子どもに与えるものは、親が厳選してください。それを大切に扱うことで、徐々にでも「自分がこれを管理する責任があるのだ」と気づくのです。

分類 2 だれかのもの（使ってもいいもの）

自分のものでなくても、「自由に使っていいもの」や「許可をもらえば使っていいもの」があると思います。ここで伝えたいのは、「だれかの大切なものは、大切に使う」ということです。パパやママの持ち物を「貸して」と言われたら、「これはママの大切なものなの。でも、どうぞ」とあえて言いましょう。「みんなのもの」もあります。はさみや文房具、リビングのソファやテーブルなどもそうですね。「元の場所にちゃんと戻さないと、ほかの人が使うときに困るんだよ」「ソファでジャンプすると、壊れちゃってみんなすわれなくなっちゃうね」など、自分以外の人への配慮も伝えてほしいものです。

分類 3 使ってはいけないもの

勝手にさわってはいけないものも家にはあります。たとえばママのお財布やパソコンですね。「さわらないでね」というときには、厳しい言葉と表情で伝えることです。「厳しく伝えるのは会話全体の5％でよい」のですが、その5％を使うのがこのような場面です。

ただし、ママが四六時中怒っていると、この「これだけはダメ」が伝わりません。普段はやさしく「ママのものだけど、使っていいよ」と言っているママが、「これはダメだからね」と厳しい表情で言うと、それは本当にダメなことなのだと伝わります。普段やさしいからこそ、絶大な効果があるのです。

すべてのものに「おうち」を作りましょう

いま使うもの以外はしまいましょう

次に、片づけやすい環境づくりについて、子どものおもちゃを例にあげます。

おもちゃが「ものすごくいっぱいある」というご家庭も多いのではないでしょうか。でも、おもちゃにも「旬」があります。年齢や発達の様子によって、興味が刺激されるおもちゃは違うのです。「いろいろあったほうが選べていいのでは?」と思うかもしれませんが、ありすぎるとすべてがごちゃごちゃで、「あってもなくても同じ」になります。

いま興味があるおもちゃを20点くらいにしぼり込んでおきましょう。 それ以外は、どこかにしまって次の出番を待つか、だれかにあげるなどの処分も必要です。子どもには「別の場所で待っていてもらっているんだよ。春になったら出てきてもらおうね」などと説明するといいでしょう。

ものの「おうち」を決めて目印を

おもちゃを厳選したら、それぞれの「おうち」を作りましょう。それは**「置き場所」「しまい場所」**なのですが、**「おうち」と"アクセント言葉"で表現することで、幼い子たちは心がウキウキして片づけたくなります。**だって「おうち」にはやさしさやぬくもりがあり、みんなが大好きな場所なのですから。

「おうち」を作るには、まず大人が種類ごとに分類して置き場所を決めるのがいいですね。**子どもにも見えやすく、手が届きやすい場所**を選びましょう。人形などは棚に並べ、積み木は箱に入れてしまいましょう。パズルは、ピースをはめたままでしまうか、箱に入れてしまうか、子どもの遊び方を見て決めましょう。

いったん「おうち」を決めても、遊ぶためにとり出すと、どこに戻すのかがわからなくなりがちです。右ページ上のイラストのように、**写真やマークなどをその場所に貼り、「ここに戻せばいい」という目印**にしましょう。

これはNG 大きなおもちゃ箱にガンガン投げ入れないで!

「片づけは、大きな箱にどんどん入れるように教えましょう」という説もありますが、私は大反対です。箱はすぐにいっぱいになりますし、ゴミも入ります。箱の奥では人形が汚れていたり、ロボットの腕が壊れていたりします。「しまう」のではなく、「投げ入れる」というやり方になるので、おもちゃは粗雑に扱われてしまいます。それでは、ものへの愛情は育ちません。

棚

写真やマークなどを貼ってきちんと並べるのがルール

子どもがよく遊ぶ場所に、おもちゃ用の棚をしつらえましょう。人形、ままごとの道具、パズルなどを見えるように並べ、それぞれの「おうち」に目印をつけるのです。できれば、1つひとつのおもちゃの写真を撮ってプリントし、貼っておくのがおすすめです。

言葉で「これはあそこの棚だよ」と言われてもピンときにくいのですが、「見てわかる」状態であれば、同じ場所にスムーズに戻すことができます。そしてそこにピタリと並べられたときには、「気持ちいいね」と言葉かけをしたいものです。

ウォールポケット

小さなおもちゃはポケットの中を定位置に

ごちゃごちゃしやすい小さなおもちゃは、ウォールポケットで整理するのがおすすめです。その場合にも、ポケットの表面に目印をつけましょう。

ミニカー、おままごとのスプーンやフォーク、着せ替え人形の洋服、文房具などもポケットに入れると便利です。また、透明な大きめのポケットがついたものなら、絵本を入れてもいいですね。表紙がよく見えるし、季節に合った絵本を選んで並べることで、部屋の中に季節感をとり入れることもできます。ポケットにはなんでもかんでも詰め込まないように、定期的に中身をチェックするといいでしょう。

ここにしまうんだった！

これは…

100円ショップ収納などを活用して、とり出しやすいおうちを！

"外から中身がしっかり見える"がポイントに。100円ショップやIKEAなどの収納ボックスを使って、子どもでも見やすく、出し入れしやすいおうちを作ってあげて！

「おうち」から出して、帰してあげましょう

遊びと片づけをつなげる言葉を

事前に子どもには「○○のおうちはここだね」と伝えておきましょう。そのうえで、遊び始めるときに、「きょうは電車ごっこがしたいのね。じゃあ、電車のおうちに行ってみようよ」「きのう、ちゃんとおうちに帰したから、ここで待っててくれたね」というような言葉かけをしましょう。

これをくり返すことで、片づけの必要性を子どもに伝えることになるのです。

遊びがスタートすると、子どもはとことん遊び込みます。次々に違うおもちゃを出し、先に出したおもちゃと次に出したおもちゃがごちゃごちゃになっていても気にしないで。「これとこれを組み合わせて遊ぶとおもしろいかも」と発想が広がることもあるものです。**時間を気にせず、じっくり遊ぶこと、没頭できることも大切**です。

遊びの延長線上でお片づけをする

たくさん遊んで満足したら、いよいよお片づけの時間です。「ああ、楽しかったね。電車のおもちゃ、ありがとう。そろそろおうちに帰りましょうか?」とおもちゃをねぎらってあげたいですね。

子どもには、「電車のおもちゃのおうちはどこかな?」と問いかけ、その場所に戻すように言いましょう。ここで絶対に忘れてはいけないことは、**「遊び」の気持ちのままで片づけを進めること**です。「ここからは片づけ。ああ、めんどうくさい」という態度を大人が見せてしまうと、子どもの心の中でも「片づけ」と「遊び」が分断され、苦痛になります。

特に1〜2才の子や、この方法をとり入れて間もない子ほど、大人がいっしょに「おうちに帰す」ことを楽しむことが大切なのです。

おすすめ! こんな言葉かけをどうぞ

積み木が1つ、迷子になっているよ。探してあげよう!

お人形のおうちはどこですか?おうちを教えて

ブロックさん行ってらっしゃい。遊び終わったらまた帰っておいで

あれ? 大好きな絵本がおうちに帰っていませんよ。絵本さん、出ておいで

○○ちゃんのおもちゃは、おうちの中で静かにおやすみしてますよ

ああ、みんなおうちに帰れてよかったね

お疲れさま

また遊ぼうね

STEP 4 片づいた「心地よさ」を伝えましょう

あえて言葉にしていっしょに喜ぶ

片づけの醍醐味は、ととのった部屋の秩序感です。さっきまでごちゃごちゃしていた部屋のものがなくなって、すっきり広々としますね。「おうち」に帰す楽しさが終わったら、今度はお部屋がきれいになったという楽しさを味わうことができるのです。でも、子どもにとってその感覚はピンときません。だから忘れずに、**「お部屋がきれいになったね。気持ちいいね」と言葉にして伝えて**ください。

片づけに限らず、「こういう状態が気持ちのいい状態なのだ」ということを、親が言葉で伝えるのはとても大事なことです。子どもは「快」と「不快」にとても敏感なのですが、なぜそう感じるのかは理解できていません。寒いとか、疲れたとか、洋服の肌ざわりが悪いとか、そういうものが原因で不愉快なのに、「ママきらい！」と言って泣いたりするのはそのせいです。

大事なことは小声で伝えます

親は、「お部屋が片づいた。だから気持ちよくなったね」と言葉にする必要があります。「この状態が、気持ちよく片づいているという完成形なのだ」と理解すると、子どもはそこを目標に片づけを進めることができます。そしてその**完成形の心地よさこそが、最高のごほうび**なのです。

もしも、がんばって片づけしたわが子をほめたいと思うなら、おおげさな賞賛はいりません。「○○ちゃんのおかげでお部屋がきれいになった。ありがとう」と小声でねぎらってください。**大事な言葉は、小声で言うのがおすすめ**です。少し大きな子なら「さすが」の一言でじゅうぶんです。

私たちの保育園では、片づけのあと、子どもたちとスタッフとで「お茶会」を開いたりします。片づいた部屋でくつろぎ、そこには特別に幸せな時間と空間があります。

さすが一!!

STEP 5 デイリーのお片づけは流れの中で習慣づける

習慣になってしまえば片づけはつらくない

　片づけるものは、おもちゃだけではありません。着替えた洋服、脱いだ靴、幼稚園のバッグ、お弁当箱、食べ終わった食器……、親は子どものあとを追いかけながら、子どもが使ったものや脱いだ服を拾い歩いているかもしれません。思わず「自分で片づけなさい！」と叫びたくなりますが、それでは「片づけはめんどう」と思うだけです。

　日常的なものの片づけは、活動と一連の流れにして、日々の生活の中にじょうずに組み込んでいきたいものです。1日の活動にはだいたいのパターンがありますから、その活動に片づけを組み合わせてセットにしていくのです。

　「でも、めんどうくさがってやりません」という声も聞こえてきそうです。いくつか、コツをお教えしましょう。

●楽しい空気のままで片づけさせる

　おもちゃの片づけと同じように、楽しい流れをとぎれさせないようにしましょう。外から帰ってきたら、**「ああ、楽しかったね。がんばった靴も、靴箱に帰してあげよう」**というように。1回くつろいでしまうと、片づけはめんどうになります。

●次に楽しい活動を用意する

　「家に帰ってバッグをかけて、そしてお楽しみのおやつだね」というように、次に楽しい活動をイメージしながらやる気を起こしていきましょう。

●ママ（パパ）といっしょにやろう

　子どもは「やりなさい」と言われてひとりでやるのは大きらいなのです。「ママ（パパ）といっしょにやろう」と言われると、ウキウキといっしょにやるかもしれません。

●「ありがとう」と感謝の言葉を

　このような言葉は、「またあしたもやろう」という気持ちの原動力になります。

●しまいやすくとり出しやすく

　バッグをかけるフックは、子どもの手の届く位置に。タンスに洋服などをしまう場合には、引き出しに「Tシャツ」などのイラストを貼って目印に。

これなら習慣になる！お片づけのタイミング

朝起きたら
　▶▶ 脱いだパジャマを洗濯カゴに入れる。

食事が終わったら
　▶▶ 食器をシンクに下げる（最初はコップ1つから）。

外出から帰ったら
　▶▶ 脱いだ靴を左右そろえる。

園から帰ったら
　▶▶ バッグをかけて、お弁当箱をキッチンに出す。

STEP 6
年齢に合わせて ステップアップを

洗濯カゴに入れた パジャマのその先

お片づけに慣れてきたら、**片づけの一連の流れにかかわってもらう**ことをおすすめします。

子どもは、パジャマを脱いで洗濯カゴに入れたら、それでオシマイになってしまいます。そのあと、どういう経過をへて、また次の日も着られるようになっているのかに意識が向きません。

ですから、余裕のあるときでいいので、「○○くんのパジャマ、ママ（パパ）がお洗濯するね」と洗濯機に入れて、回すところを見せましょう。干すときにも「これが○○くんのパジャマだよ」と洗ったパジャマを見せ、干すお手伝いもしてもらいましょう。さらに、とり込んで、たたんで、タンスにしまうところまで、いっしょにやるのです。

そうすることで、**「カゴに入れたら自動的にきれいになるわけじゃない」**と理解します。その**プロセスの中の１つでもやめてしまうと、夜のパジャマがなくて困ることになるということも、伝えたいですね。**

0才
大人がひたすら 片づける時期

片づけはほぼ100％親の仕事です。この時期に、親が「どうすれば居心地のいい空間をつくれるか」という自分なりの方法を見つけておきたいものです。

1才
おもちゃの 「おうち」スタート

歩けるくらいになったら、「お人形さんのおうちは、ここだよ」「ここに帰してあげようね」を少しずつスタート。最後に「ああ、片づいて気持ちいいね」も忘れずに。

2才
「自分でやる！」の 気持ちを大事に

自己主張のこの時期は、ある意味しつけのチャンス。自分で判断して片づけることができるようにもなるので、自分でやろうとする姿を見守ることも大事です。

3才
「自分のもの」への 責任感を育てる

幼稚園に通い始める子もいますから、「自分のもの」への自覚を育てて。入園のグッズはできるだけ自分で選ばせて、名前がわりのマークもつけて、家での置き場も決めましょう。

4～5才
「みんなのために」の 思いを育む

４才くらいになると、相手の気持ちがわかるようになります。「○○ちゃんがハサミをちゃんと片づけてくれたから、すぐに使えて助かったよ」などと言葉にしましょう。

6才
入学前にものの 管理力を総点検

入学してから困らないように、いま一度、活動と片づけを結びつけながら、ものをいつ、どこにしまえばいいのかを確認しましょう。もちろん、楽しく、ワクワク感をもって！

子どもと スマホ＆インターネット

158-161ページ

相模女子大学
子ども教育学科准教授
七海 陽

子どもネット研が発表した目安
3〜6才の未就学児

- ☐ 寝る前の1時間は見せない
- ☐ 1回当たり15分、1日1時間未満に
- ☐ 動画やゲームなど、受け身で終わる利用は減らす
- ☐ 子どもひとりで使わせない
- ☐ リビングなど、親の目の届く場所で使う

ママ
アンケート

気になることは？ 複数回答

視力が悪くなりそう **60**人

脳や知能の発達に影響するのでは **43**人

スマホ依存にならないか **18**人

その他 **8**人

子どもにスマホを見せている？

見せていない **25%**
見せている **75%**

1日にどのくらい見ている？

baby平均 **17.6**分　mama平均 **125.8**分

子どものぐずり対策グッズとして、スマートフォンを使う親もいますが、気になるのが発達への影響です。スマホは小さな指でも扱いやすく、目に近づけて操作できるので焦点を合わせるのもラク。スマホを見るとさわりたがる子どもは多いのです。しかし、スマホがこれほど普及したのは、ここ何年かのこと。小さい子どもの脳や心の発達にどんな影響を与えるのか、実はよくわかっていません。また、**影響がよくわからないからこそ、無制限にスマホにふれさせて将来後悔することにならないようにしたいものです。**

3才過ぎなら知的に刺激される可能性も

『子どもたちのインターネット利用について考える研究会』では、幼児をデジタルメディアにふれさせるときに注意してほしいことや、利用の目安、基準などをチェックリストにしています。科学的な根拠になる研究は限定されますが、国内外の文献や米国小児科学会の提案などをもとに作成されました。

このチェックリストの対象は3〜6才。0〜2才のスマホ利用を否定はしませんが、一般に、好ましい影響よりも弊害のほうが上回る傾向があり、3〜6才の幼児期よりももっと慎重な対応が求められると考えるからです。

3才を過ぎるころには、受けとった情報を理解し、それを遊びに発展させる力が備わってきます。ままごとなどの見立て遊びやごっこ遊びができるようになるのが3才半ごろ。そうした力が育ってからなら、子どもの理解を深め、視野を広げるのに、スマホが利用できるでしょう。しかし0〜2才の時期は、スマホからの刺激を受けとるだけになっているかもしれません。

「集中している」のではなく「固まっている」だけ

小さい子は新しい刺激にふれると、それに注目する特徴があります。ジーッと見つめるのは “集中している” のではなく、刺激から “目が離せない” というのが適当かもしれません。

0〜2才は体や脳の土台をつくる時期。周囲の人とかかわる、自然にふれるなど、多くの体験が人としての土台を豊かに耕します。そうした体験の時間を削ってまでスマホを見せる必要はありません。

現代は、スマホとまったくかかわらないというのは非現実的。

電車の中でぐずったときなどに、短時間見せるぐらいは問題ありません。**見せっぱなしではなく、『これは何かな？』などと、大人がかかわりながらがいいですね。**

子どもたちのインターネット利用について考える会
https://www.child-safenet.jp/
https://www.child-safenet.jp/selfcheck/

スマホを見せると目が悪くなりますか?

日本橋はま眼科クリニック院長
浜 由起子

わが子がジーッとスマホの画面を見ていると「目が悪くなるのでは?」と心配になりますね。

小さい子にスマホを見せると目に悪い影響があるのか。答えは「まだわからない」です。スマホが一般に普及して10年もたっていないため、どんな影響があるのかがわかっていないのです。ただし、まったく影響がないとは考えにくいですね。

重要な目の機能である
立体視は2才までに育つ

生まれたばかりの赤ちゃんの目は、ほとんど見えません。そこからゆっくりと発達して**3才には0.7程度**まで見えるようになり、個人差はありますが、**6才までに1.2程度**まで見えるようになります。これがいわゆる「**視力**」の発達ですが、目にはもう1つ、「**立体視**」(遠近感)という機能があります。

ものを立体的にとらえる感覚のことで、私たちは「**視力**」と「**立体視**」でものを見ているのです。この立体視の機能が育つのが、生後半年から1才半、遅くても2才ごろまで。この時期の赤ちゃんに、過度にスマホを見せていると、立体視が正常に育たないのではないか、といわれています。

立体視は、正常なさまざまなものを見ることで育ちます。ところが、スマホの画像は実際の立体ではありません。3Dゲームの木と本物の木とでは、奥行きや遠近感が違いますね。

立体視が発達する時期の赤ちゃんに実際のものではない立体画像を見せ続けると、誤差が生じる——つまり、本物の立体視が育たないのではないか、と考えられるのです。

ダラダラ見せるのはNG。
1日15〜30分程度に

一眼科医の立場で確実に言えるのは、「**長時間ダラダラ見せるのはやめて**」ということ。小さい子に見せるなら、**1日に15〜30分ぐらい**にとどめましょう。また、近づきすぎも近視の進行につながります。**適度な距離を保って。スマホを見たあとにはテレビを見せない**など、幼い目に負担のかかることをできるだけ減らして、リスク管理をしてあげてください。

子どもの目はこんなふうに発達します

6才

視力は
1.2ぐらい

視力がほぼ完成
弱視や視力の左右差などは、6才までに治療をすると、ある程度はとり戻すことができる。

2才

視力は
0.5ぐらい

立体視がほぼ完成
ものを立体的にとらえる立体視がほぼ完成する時期。

1才

視力は
0.3ぐらい

立体視の発達が続く
上下左右や奥行きなど、空間を立体で把握できるようになり、行動範囲が広がってくる。米粒など、かなりこまかいものも見えるように。この時期に斜視、左右の視力差、弱視があると立体視が育ちにくい。

6カ月

視力は
0.2ぐらい

少しずつ立体視ができるように
ものの奥行きや距離感をつかむ「立体視」が、少しずつできるようになってくる時期。ママやパパとほかの人との顔の区別がつくように。

0カ月

視力は
0.1ぐらい

輪郭がぼんやり
「まぶしい」「暗い」がわかる程度で、ものの輪郭はぼんやりしている。3〜4カ月ごろには、少しずつ1点を見つめる「固視」をし始める。

ブルーライトって?
スマホやパソコンから出ている青い光のこと。人の目で見ることのできる光の中でもっとも強いエネルギーをもっていて、網膜に直接的なダメージを与えるといわれています。長時間浴びると体内時計が狂ってしまう可能性も指摘されています。

スマホ＆インターネットが与える子どもへの影響

Q おかしなサイトに迷い込まないためにできることは？

A 情報の出所をしっかり確認。最新アプリもぜひチェックして

YouTubeを見せる人は多いですが、インターネットにつながっている状態では自動で関連画像が表示されるので、子どもに見せたくないものが出てくることも。**Google社が配信しているYouTube Kidsは、子ども向け音楽やアニメなどに限定されている**ので、その点では安心ですよ。（七海先生）

Q 寝室で寝る前にスマホを見せてもいい？

A 暗い中でスマホを見るのは大人にも子どもにもいいことなし

スマホから出るブルーライトは、**睡眠ホルモンであるメラトニンの分泌を抑える**といわれています。質のよい睡眠をとるために、**寝る前のスマホは避けたほうがいい**ですね。（七海先生）

暗い部屋で寝ながらスマホを見たり、本を読んだりするのは近視の進行につながります。小さいうちから予防することは大切なので、やめましょう。（浜先生）

Q スマホ画面は明るすぎないほうがいいの？

A スマホの明るさはあまり気にしなくても大丈夫です

15～30分程度なら、あまり気にしなくて大丈夫。ただし、**あまりに暗い画面を見すぎると近視になりやすい**ので注意して。（浜先生）

Q スマホとタブレットならどちらを選ぶ？

A 離れて見ることができるタブレットのほうがベターです

タブレットのほうがベター。どちらからも目や体内リズムに影響を与えるブルーライトが出ていますが、**大きな画面を離れて見るほうが、影響は少ない**です。（浜先生）

Q 積極的に知育アプリを見せたほうが賢くなりそうだけど

A スマホの世界よりも実体験のほうが大切です

子どもにとっては日常生活のすべてが学びの場で、**五感をフル稼働して、周囲の情報をキャッチし、学習しています。たとえば「転んでひざをすりむくと、血が出て、痛い」**など、**さまざまな体験から、物事の成り立ちや仕組みなどを学ぶ**のです。スマホのアプリは人間が頭で考えたもの。刺激としては偏りがあり、赤ちゃんをとり巻く環境そのものが体験を通して教えてくれるものには、かないません。（七海先生）

Q 動画と静止画で目の負担に違いはある?

A 動画は近視を引き起こす可能性があります

動画を見ても視力の発達には影響しませんが、こまかく動くものを見続けるほうが、より目が離せなくなるので、近視を引き起こす可能性があります。**動画よりは静止画のほうが、目への負担は少ない**ですね。（浜先生）

Q 目に近づけて見ているのが気になります

A スマホは目に近づけないと見えないもの。長時間を避けましょう

スマホはそもそも目に近づけないと見えないものなので、距離をとるのは限界がありますが、**子どもは集中すると近づきすぎる傾向にあるので、気がついたら離してあげて。**また、**長時間見せない**ことを心がけ、できればタブレットや、画像をとり込んだテレビを見せるといいですね。（浜先生）

Q 家族の写真にはくいつくのに、知育アプリには無関心です

A 知っている、親しんでいるものは子どもが安心できる

スマホの情報には、子どもにはふさわしくないもの、必要ないものもあります。そんな中で、知っているもの、親しみのあるものは、小さい子が安心して見られます。**家族の写真や動画をママといっしょに見る**のは、小さい子にとってとても楽しく、大事なひとときだと思います。（七海先生）

Q 動画がいちばん喜ぶので見せてしまいます（泣）

A 赤ちゃんは親と遊ぶのがいちばん好きです！

テレビとのつきあい方においてもたびたび言われていることですが、赤ちゃんは認知が発達してくると、人が動いていたり、音楽が聞こえると喜ぶもの。でもやっぱり**いつも相手をしてくれているママやパパにまさるものはありません。**この時期に、自分の時間がほしくてついスマホや動画に頼りすぎてしまうと、成長してからそれに没頭し、抜けられなくなってしまうことも。**いまこの時期に気をつけて。**（成田先生）

161-163ページ

文教大学教育学部特別支援教育
専修教授、小児科専門医、
子育て科学アクシス代表
成田奈緒子

Q 小さいころから見せると依存してしまいそう…。時間がコントロールできるように見せるには?

A 0～2才のうちに時間を決めて見せると今後がラクです

　動画ありき、YouTubeありきで育ててしまうと、年齢が上がるにつれて夢中になり、家庭内での会話や勉強がおろそかになる例が多いです。そうならないためにも、0～2才のいまががんばりどき。この時期はまだ見たければ見っぱなしになってしまうもの。見せる場合は自律的にできるまで（うちの子の場合は高3まででした）、**時間やアクセスできるアプリなど、必ず親がコントロールするのが鉄則です。**

Q 手が離せないとついYouTubeを見せてしまいます。ほかの遊びに興味がなくなりそうで心配です

A 見せっぱなしで終わらずコミュニケーションをとることが重要

　見せるときは必ず時間を決めてダラダラ見せないこと。その後、「ネコさんが出てきたね～、茶色のネコさんだったね～」など、何を見たのか、考えたのかを聞く・話す習慣をつけましょう。YouTube禁止で、絵本の読み聞かせだけをしていたとしても、それだけではよい脳は育ちません。**読み聞かせたあと、見せたあとに赤ちゃんの言葉を引き出して、コミュニケーションをとることが何より大切**です。

Q アプリや動画も知育に役立ちますか?おすすめがあれば知りたいです

A 絵本も動画も玩具も親がサポートすることではじめて知育が完成します

　見せっぱなしで頭がよくなるということは、絶対にありません。たとえば動画の中で「黄色です」と言っても、世の中にはいろんな黄色があります。親がいっしょに見て「おうちの中で黄色を探してみよう! あれも黄色、これも黄色」と、そこからリアルにつないであげてはじめて知育は完成します。**アプリを使うなら、ゆっくり、はっきり、大きな動きのものを。絵本アプリ**などがいいのではないでしょうか。

Q ずっと見ているわけではありませんがテレビや動画を流しっぱなし…。コレってNGですか?

A たれ流しは絶対にNG!いっしょに楽しむことがベストです

　なんでもたれ流しはよくありません。テレビを見せたり、音楽を聴かせるときは、**いっしょに歌ったり、踊ったり、会話をしたり、親もいっしょに楽しむ**のがベスト。そうやって相手をしながら見せると**自然と30分程度**になるものですし、テレビ番組は時間枠が決まっているのでメリハリをつけやすいです。テレビをつけっぱなしでいることが普通になっている場合、**親の生活習慣の見直しも必要**です。

Q スマホの小さな画面より
タブレットやテレビの大きい画面の
ほうが目にやさしい?

A 大画面で離れて見せたほうが
目の負担にはなりません

　0〜1才はまだ視力が弱く、視野も広くないので、高速で動く刺激を与えるのはいいことではありません。**子どもには「ゆっくり、はっきり、大きなもの」を見せるのが原則**です。どうせ見せるなら、大きな画面で、ゆっくり動き、はっきりした色のものを見せたほうが、まだ目の負担にはなりません。子ども向けの番組やアニメは、そのあたりを意識して作られているものが多いです。

Q スマホやタブレットが
当たり前の世の中で
まったくさわらせないのはあり?

A 必要になればすぐ
覚えます。大丈夫ですよ

　わざわざさわらせなくても、**必要になれば子どもはすぐに覚えます**。むしろ問題なのは、タブレットの使い方がわからなかったときに「教えて」と、聞くことができるかどうか。小さいころからスマホや動画を見せっぱなしで会話をしない家庭で育つと、コミュニケーション方法がわからないというケースが目立ちます。**「まだおしゃべりできないし」と思わず、たくさん話しかけてあげてくださいね。**

次で
終わりに
しようね

Q ぐずるとつい
見せてしまいます。
YouTubeがないと
泣きやまなくなりそうで
心配です

A 赤ちゃんは親の笑顔で
安心するもの。
自信をもって!

　親が心配すると子どもはそのとおりになってしまうもの。「**この子はYouTubeがなくても大丈夫!**」と思えば大丈夫なんです。勇気をもって消して、**ぐずっても見せない**でみてください。ぐずっても「絶対に泣きやむ」と信じて、**笑顔でスキンシップ**を。0〜2才くらいの子どもにとっては、何よりも親の笑顔が安心のもと。それを信じて、動画以外の泣きやませグッズを探してみて!

Q コミュニケーション
能力が下がること
はないですか?

A 動画を見せながら言葉を
引き出してあげましょう

　見せっぱなし、流しっぱなしはよくありません。コミュニケーションをとるためのツールとして動画を使いましょう。たとえば動画が終わったあとに「おもしろかったね〜、さっきのクマさんは何してた?」など、なんでもいいので**動画に関する質問をしてみてください**。たとえ子どもが正しい答えを言えなくてもOK。**まだおしゃべりができない赤ちゃんでも、積極的に話しかけてあげることが大切**ですよ。

Q 動画を
見せることで
脳の成長や
発達に影響は
あるのでしょうか?

A 五感を刺激するリアルな
体験とセットが基本

　味覚、聴覚、視覚、嗅覚、触覚の五感が刺激されることで脳は発達します。脳が発達中の赤ちゃんに、「ぞうさんだよ」と平面のものだけを見せていても、意味をもちません。**実際の大きさ、におい、声、できたら感触など五感を同時に刺激され、はじめて本当の意味での「ぞう」がインプット**されるのです。今後、動物園に行くなど、必ずリアルな体験をさせることをふまえて、じょうずに利用してください。

スマホ＆インターネット わが家のつきあい方

時間を決める

1回10分まで 1日3回まで

電車でぐずったときや外食時に私が食べている間など、短時間だけ見せるようにしています。「1回10分以内、1日3回まで」という決まりをつくり、それを守るようにしています。1才（女の子）

お昼寝後の30分間が動画タイム

お昼寝中に家事をしたり、休憩していることが多いのですが、「もうちょっと寝ててほしかった……」と思うことが多々。お昼寝後を動画の時間にして、その間にやり残したことをするようにしています。2才（男の子）

お兄ちゃんの 習い事の間に見る

4才の兄がスイミングをしている間、あちこち歩き回ったり、大声で騒いだり、とにかく大変！ 動画を見始めると終わりがないので、スマホに入っている写真を見せるようにしています。2才（女の子）

テレビ画面でいっしょに見る

いっしょに見ると 意外とおもしろい

双子なのですが、2人とも働く車が大好き！ テレビで働く車のYouTubeをつけると「あっ！」と指さして喜びます。息子たちの影響で私も働く車が好きになり、いまでは個人的にスマホで調べることもあるくらい（笑）。「子どもが見るものだから」と思わず、いっしょに楽しもうと思って見てみると、喜ぶ子どもの気持ちがわかってうれしくなります。2才（男の子）

YouTube＝悪 ではないと思う

私自身もYouTubeが好きで、テレビよりも見る頻度が高め。娘が好きな知育番組のYouTubeチャンネルをいっしょにテレビで見て、踊ったり歌ったりしています。見たいときに見たいものが見られて便利！ 2才（女の子）

ドキッとする動画を 見ていてびっくり！

スマホで動画を見せていたら、車でおもちゃを踏みつぶす破壊系の動画を見ていてびっくりしたことがあります。テレビの画面で見れば、内容を把握できるから安心。3才（男の子）

スマホやタブレットでいっしょに見る

見せる写真をフォルダ分け

息子が気になっているものや遊んでいるところの写真を撮って、帰宅してから**息子の名前のフォルダに分別**。外出先などでぐずって、しかたなくスマホを見せるときは、その写真を見せるようにしています。写真は常に30枚くらいにしておいて、『**これが見終わったらおしまい』というルール**を作っておくと終わりが見えやすくなります。2才（男の子）

見せっぱなしにしない

出先で見せることが多いので、**見せっぱなしにならないよう注意**しています。スーパーのカートにすわって見ているときは、たまにのぞき込んで「わんちゃん、かわいいね」などと話しかけています。3才（女の子）

いっしょに"お仕事"

家で仕事をしているのですが、私がパソコンの前にいるときは、横にタブレットを置いて、英語のアプリをしています。「ママ、いっしょね」と言って喜んでくれるし、仕事もはかどります。3才（男の子）

その他

おむつ替えのときはスマホ頼み

イヤイヤ期真っただ中で、断固としておむつを替えさせてくれない娘。いつも追いかけっこになるので、**おむつ替え＝スマホにしています**。ダメと思いつつ、困ったときはやっぱり頼りになる。2才（女の子）

スマホ型おもちゃでごまかす

最近、スマホに興味が出てきたので、**スマホのような形をしたおもちゃを購入**。たまに思い出したかのように耳に当てたり、指で操作しています。1才（男の子）

子どもの前では極力見ない

私自身、スクリーンタイムを制限しないとずっと見てしまうので、**子どもの前ではスマホを出さない**ようにしています。調べ物など、どうしても！というときは、「電車の時間を調べないと」と、子どもに聞こえるように言うのがポイント。3才（女の子）

長距離移動のときはタブレット持参

普段はテレビしか見ないのですが、新幹線や車など、長距離移動するときはタブレットを見せています。そのとき、**子どもには画面をさわらせず、大人が操作するようにし、自由に使えないよう制限**しています。2才（女の子）

子どもを尊重して信じる
モンテッソーリ教育

モンテッソーリ教育は教育法のひとつです。子どもを尊重する思想は日本の乳幼児教育の根底に流れている考え方です。

166-174ページ

国際モンテッソーリ協会（AMI）教師
あきえ

モンテッソーリ教育は、マリア・モンテッソーリというイタリア初の女性医師により、110年ほど前に誕生した教育法です。一般的には、**子どもは「育てられる存在」**。大人が主導権をもち、子どもを教えます。モンテッソーリ教育では、子どもがやることを自分で選び、興味のある活動を満足いくまで経験できる環境をととのえます。**「自由」が保障された環境**の中で、子どもは自らを発達させていくのです。その「自由」には、「ここまではいいけど、ここからはダメ」という「制限」があります。

育ちの主役は子どもです。子どもは、日々**「自立・自律」**に向かって自らを発達させています。**大人はその育ちを導く「ガイド役」**として、子どもの育ちを助けます。「しっかり子どもをしつけなければ！」と、必要以上の責任感を感じなくても大丈夫。子どもは自ら育つ存在なのです。

子どもは自ら育つもの。
大人は育ちを導く存在

「自ら育つ力がどの子どもにもあり、適切な環境を用意し、その環境にふれることで子どもは力を発揮し、自ら育つことができる」と考えられています。そのため、大人が子どもに一方的に教え込む「大人と子どもの関係性」ではなく、環境を通して育ちを助ける三角関係が大切です。

子どもの存在が球根だとすると、私たち大人は水をあげる人、育つ環境は土や太陽や湿度。水をあげすぎてもダメ、日当たりがいいだけでもダメ。「こんな色の花が咲いてほしい」と思っても、そのとおりにはいかないかもしれません。球根のように育つ力の根源をもって生まれた子どもを導くことが大人の役割なのです。

子どもを観察して
「知ろう」とするまなざしを

「環境」と同様に「観察」がとても大切。いま、目の前にいる子どもが求めていることや、発達させようとしていることの答えは、その子自身がもっています。どんなによいとされているかかわりでも、子どもや状況が違えば、うまくいかないこともあります。子どもが100人いれば、やり方も100通り。発達の目安やハウツーにとらわれず、子どもの心の中をのぞく大人のまなざしが大切なのです。「知ろう」とする大人のまなざしが子どもを理解し、尊重することにつながります。そして、その関係性が子どもとの信頼関係をつくり、子どもの自尊感情を育むことにもつながっていきます。

子どもの24年間の発達には4段階がある

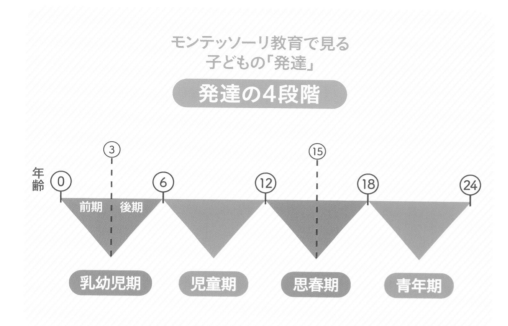

モンテッソーリ教育で見る
子どもの「発達」

発達の4段階

年齢 乳幼児期　児童期　思春期　青年期
前期　後期

モンテッソーリ教育では、子どもが「自立・自律」に向かうのは24才までと考えられています。左図のように、子どもは6年間の発達段階を4回経験するとされています。赤の時期は、よりいっそう自立に向かう時期とされているのでエネルギーが強い時期。赤の時期のちょうど真ん中である3才と15才で、エネルギーが最大になります。この時期はイヤイヤ期と第二次反抗期にあたります。

青は赤の時期にくらべると比較的おだやかな時期。この図は、いま、どんな成長段階にあるかを知るためのヒントになります。

0〜6才に見られる「敏感期」とは？

子どもには「自ら育つ力」があります。その力には「敏感期」と「吸収する力」の2つの特徴があるとされています。「敏感期」とは、特定の能力を獲得するため、ある物事に対して強いエネルギーが出る特定の時期のことをさします（図参照）。たとえば「秩序の敏感期」では、ママ以外の人がだっこをすると泣くなど、いつもと同じであることにこだわる姿が見られたりします。

「吸収する力」は、そこにいるだけで環境からあらゆる情報や刺激、印象を吸収する力のことをいいます。吸収したものを材料にして、子どもは「自分」をつくります。この2つの力に支えられて、子どもは自らを発達させていくのです。

種類	役割
言語	言語を自分の一部として獲得するため
秩序	自分の中に「当たり前」をつくり上げるため
運動	自分の身体を自分の意思で動かせるようになるため
感覚	自分の感覚器官で区別ができるようになるため＝洗練
社会性	自分のいる環境や文化に見合った人になるため＝適応
小さいもの	小さいものに気づき、観察する力を身につけるため

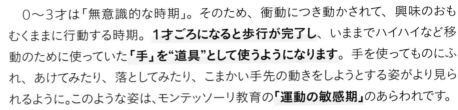

1才ってこんな時期

ママと自分が別々の人間だと気がつく

0〜3才は「無意識的な時期」。そのため、衝動につき動かされて、興味のおもむくままに行動する時期。**1才ごろになると歩行が完了し**、いままでハイハイなど移動のために使っていた**「手」を"道具"として使う**ようになります。手を使ってものにふれ、あけてみたり、落としてみたり、こまかい手先の動きをしようとする姿がより見られるように。このような姿は、モンテッソーリ教育の**「運動の敏感期」**のあらわれです。

この時期は**「探索の時期」**でもあり、**「これは何かな?」**と興味をもって世界を広げます。大人には"いたずら"と思える行動が多くなるのも、この時期の特徴。**「ものには名前がある」ことに気づく**ようにもなります。15〜18カ月ごろになると、指さしをしたり、「ん!」などと言ったりして、**ものの名前を知りたがるように**。

もう1つの大きな変化は、**自我の芽生え**です。いままで**自分とママは1つと感じていたのが、別々の人間であることに気づく**ようになります。この分離の過程で「イヤ」と子どもが主張するようになり、大人のペースだけで進めることができず、子どもとの争いが起こりやすくなります。この時期は、お母さんから少しずつ離れていく、**心の成長や愛着形成において大切な時期**でもあるのです。

1才に見られる言動

気になることがあると一生懸命やってみる

無意識的な時期であり、探索したい気持ちが強いため、そのときどきで興味をもったものに衝動的にふれたり、目に入ったものを試したりする姿が見られます。こまかい手の動きもできるようになり、静かにしていると思うと、手先を使って何かをいじっている姿が見られます。たとえば、キッチンの引き出しをあけて、調理器具を出してみる。洋服にボタンを見つけて、何度もはめようとするなど。運動の敏感期でもあるため、とにかくよく動きます。内から生じる興味のパワーによって無意識的に行動するので、子ども自身もそのパワーをコントロールすることができず、「もうおしまい」と言われ

てもやめることができないのです。子どもがなかなかやめないときに、急に手の中のものをとり上げたり、だっこしたりすると、「イヤイヤ〜!」と泣いて怒る姿が見られます。大人から見ると、「イヤイヤばかり言っている」と見えますが、子どもにとっては、一生懸命やっていたことを止められたと感じます。

自我が芽生えることで、自己主張するようになります。食事やお着替え、お出かけなど何か行動が切り替わるタイミングで子どもに誘いかけても、興味がおもむくほうに向き、やりたがらない姿も見られるようになります。

1才とどう向き合う? かかわる?

| 探索できる安心・安全な環境を用意 | お世話を手伝いに | 選択肢を示す | スキンシップ＆気持ちの代弁 |

子どもが興味をもったことができるよう、まずは制限が多くなりすぎない環境をつくります。子どもにとって危険なものは、手の届かないところへ。1才代は、好奇心によって探索できる自由を保障する時期です。安心・安全で自由な環境を用意することは、「やりたい」気持ちを満たし、大人も必要以上に制限をかけずにすみ、気持ちの余裕にもつながります。

着替えのときでも、すべてやってあげるのではなく、できないところを手伝うように。すると、「これは自分でやること」という自立心が育まれます。それによって「イヤ」と逃げ回ることも減ります。

自己主張をするようになったら、自己選択できるように2つの選択肢を示します。

たとえば、「しましまと、おはな、どちらがいい?」と実際に見せながら子どもが選べるようにします。「自分で選ぶ」経験が行動をより主体的にするため、自分でやろうとする姿につながります。「イヤ」と言ったときにも、「自分でやる?　ママが手伝う?」と別の選択肢を示して、子どもが行動を選べるようにしましょう。

イヤなことや怖いことがあると、信頼している大人のもとに来て心を落ち着かせようとします。それは、その人が自分を守ってくれる「安全基地」になっている証拠。スキンシップをとりながら、「怖かったんだね」と子どもの気持ちを代弁することで、「ママはわかってくれる」という安心感や信頼感を育むことができるのです。

具体的な
接し方＆声かけ
Sample

家の中の引き出しの中身を出す

まずは子どもがさわっていいところと、いけないところを決めましょう。**さわってもいいところは、危険がないよう、中身を見直します。**いたずらだと思う姿にこそ、成長するチャンスが隠れています。危険がない場合、まずは見守りましょう。もし、さわってほしくないものをさわっている場合は、「これならさわっていいよ」と交換を。また、くり返し何かを出したり入れたりする姿が見られたら、**ものの出し入れができるような道具や玩具を子どもスペースに用意。**そうすることで**「やりたい」という気持ちを満たす**ことができます。

食事中に席を立ってしまう

「立たないで」と、否定形で伝えようとすると、つい感情がこもって怒り口調になってしまいますよね。そうすると、子どもは「怒られた」という印象を受け、そのあとするべき行動がわかりません。**「ごはんを食べるときは、いすにすわってね。ここにおしりをつけるんだよ」**と、行動をこまかく伝えましょう。そもそもおなかがすいていないこともあるので、**空腹ぐあいもチェック。**

カギをあけたい、荷物を持ちたいなどささいなことができなくて泣く

子どもが自分でやりたかったことを、大人が気づかずにやってしまったため、悲しくて泣くということがあります。そんなときは「そんなことで泣かない」と否定せず、**「あけたかったんだね」と気持ちを代弁。**もう一度戻せるならば、**元に戻して「やってくれる?」と子どもができるようにします。**それでも気持ちがおさまらない場合は、別の楽しいことを提案して、**気持ちが切り替えられるようにお手伝いを。**

2才って こんな時期

おしゃべりや大人のまねが楽しい時期

1才児同様、いつでも動いていたい**「運動の敏感期」**の時期、さらに**「感覚の敏感期」**でもあります。五感をたくさん使って、あらゆるものを感じたがるこの時期。また、**「言語の敏感期」**でもあるので、個人差はありますが、2才ごろに「言語の爆発」が起こります。いままで吸収してきた言葉を、急にたくさん表出できるようになるのです。さらには、**「秩序の敏感期」**の時期でもあり、"いつも同じ"であることに強くこだわるように。同じやり方、順番、人、時間が保たれていることで、自分の中に「これはこういうもの」という認識ができ、安心するのです。逆に、いつもと違うことが、子どもにとっては苦痛に感じられます。「イヤイヤ」という表現で、**「いつもと違って苦しいよ」と伝えようとしている**のです。

1才児よりさらに、「自分でやりたい」という気持ちが強くなり、「自分でできる」という自信が育まれ、やってみようと挑戦する姿も見られます。一方で、それがかなわないと激しく泣いて怒り、なかなか落ち着くことができないため、対応に悩むことが多くなることも。「魔の2才児」といわれますが、けっして「魔」ではありません。「自分」を育んでいるこの時期は**「模倣期」**といわれ、大人のすることをよく見て吸収し、身体的な発達や言葉の発達が進みます。

2才に見られる言動

理解できることがふえ、成長が見られる

「運動」「感覚」「秩序」「言語」と、さまざまな敏感期のエネルギーが同時にあらわれるため、毎日、全力でたくさんのことを楽しむ姿が見られます。その中でも特に、秩序の敏感期では、"いつも同じ"であることに強いこだわりを見せます。たとえば、いつもはママがすわっている席にパパがすわると、「そこはママの席」と言ってゆずらない。いつもは右から靴をはいているけれど、左からはいたら、いやがって突然泣き出す。このように、大人からするとなんともないことが、この時期の子どもにとっては苦しいことなのです。

「模倣期」になり、1才のときよりもさらに、大人のまねをすることが楽しくなります。「自分もやってみたい」という気持ちが強くなる一方で、それがかなわないときや大人に制止されたときには、強く泣いて怒ります。「言語の爆発」が起き、話せる言葉はふえますが、コントロール力が未発達で、完全には思うように言葉で表現できません。そのため、その思いを、たたく、かむなどという行為で表現する姿もときに見られます。

また、さまざまな認知や理解が進み、わかることがふえるため、泣いて怒ったときには、気持ちを代弁するだけでは落ち着かないということもあるかもしれません。落ち着くまで時間がかかりますが、その時間の中で少しずつ学んでいきます。

2才とどう向き合う？ かかわる？

(生活に参加できる
ようにする)　　(やり方をゆっくり
やって見せよう)　　("いつも同じ"を
キープしよう)　　(泣きやませようと
しなくてOK)

　自立に向けた大切な時期なので、家事や身支度に子どもが参加するようにして、うまくいかない場合は大人がやり方を見せます。大人の動きは、子どもにとって早送り状態なので、7〜8倍ゆっくり見せるのがコツ。すると、「自分でできる」場面がふえ、子どもの自主性や自信につながります。これは一見「イヤイヤ」とは関係ないように思えますが、尊重されたり、やりたい気持ちを大切にされたりする経験が、子どもとの信頼関係を築き、「大切にしてもらえている」という自尊感情を育みます。

　秩序の敏感期のこの時期には、"いつも同じ"をキープ。毎朝や夜の時間のルーティンの順番、だれがやるのか、時間などをある程度、"いつも同じ"にするのがおすすめ。日によってばらつきはあっても、だいたい"いつも同じ"にすることが子どもの安心感につながります。

　この時期は、泣くことも多いですが、無理に泣きやませようとしなくてOK。まずは、子どもの気持ちが落ち着くよう受けとめて、可能な限り待ち、自分で落ち着けるように時間をつくりましょう。ときには場所を移動して、気分転換をしても◎。

　2才ごろは特にエネルギーが強く、大人と子どもの争いが起きやすい時期。子どもは大人と争いたいのではなく、自分をつくろうと一生懸命なだけ。大人は「応援団」として子どもの育ちを応援していきましょう。

(具体的な
接し方＆声かけ
Sample)

思いどおりにならなくて道端で大泣き

　まずは「○○がイヤだったんだね」と気持ちを代弁。もし可能ならば「いまからやってみる？」と提案するのも◎。しかし、それでも落ち着かない、泣きやむことができない場合は、まずは安全な場所に移動。その際も、急にだっこするのではなく、「ここは危ないから移動するよ」「だっこさせてね」と事前にお子さんに断りを入れてから移動するのがおすすめです。

イヤなことがあるとお友だちや親をかむ

　まだ言葉で気持ちを表現できないため、かわりにかむことで表現する姿が見られます。その際は、かんでいる行為を制止して、「玩具をとられてイヤだったんだね」などと、お子さんの気持ちを代弁しつつ、「かみません」などと"してはいけないこと"として伝えます。さらに、「かむのではなく、どうするとよかったのか」を落ち着いてから話すのがおすすめ。「"返して"って言うんだよ」と、具体的に言葉での表現方法を伝えていきましょう。

やりたいことが思うようにできないと泣いて怒る

　やりたい気持ちがあるけれど、実力が伴わず思うようにできないときに「できない」と泣いて怒ることがあります。このようなときは、まず「できなくてくやしいね」などとお子さんの感情や気持ちをくむことが大切。感情に名前をつけて表現してあげると、子どもは自分の感情を認識できます。そのうえで、「ここはお手伝いをしてもいい？」と言ってやり方を見せたりするなどして、もう一度やってみようという気持ちがわくように援助していくのがおすすめです。

3才ってこんな時期

興味の対象が広がり、たくさん質問をする

3才になると、2才までの「無意識的」な時期にくらべて、「これをこういうふうにやってみよう」と意識的に何かをやる姿が徐々に見られるようになります。**自我が確立し、特定の人との強い絆を形成して、愛着関係が結ばれていきます。**そうすることで、**ママから分離をし、自分で何かを楽しんだり、行動したりする**ことが、いままで以上にできるようになります。

言語の発達が進み、話せる言葉がふえていきます。興味をもつ対象が広がり、**「なんで?」「どうして?」「どこに?」「だれと?」「いつ?」などと、さまざまな質問を大人に投げかける**ことが多くなる時期です。大人は「さっきも答えたのに」と疲れてしまうことがあるかもしれません。

また、**「秩序の敏感期」**も継続しているため、"いつも同じ"であることにこだわりをもち続けます。しかし、これまでの経験の中で、ルーティンややり方、順番、人、時間を認識しているため、自分で行動できるようになっていく時期でもあります。自分の中に秩序感ができて、**「これはこういうふうになる」と予想できる**ようになるのです。さらには、これまでは友だちが近くにいてもあまり興味を示さなかった子も、**周囲の人や友だちに興味がわいてくる時期。「社会性の敏感期」で** 人とかかわりたい、**コミュニケーションをとりたい**という気持ちが高まります。

3才に見られる言動

自分の意志ややりたいことを少しずつ言語化

意識的になり、どうしたい・何がしたいがわかってきます。たとえばシールを貼るとき、「線に合わせて貼りたい」と、自分の意志や思いをもち、意識的に行動します。しかし、意志力や自己コントロール力が未発達のため、思いどおりにならないと泣いて怒る姿は継続します。

2才までの年齢にくらべると、泣いている理由が少し複雑に。「こうしたかったけど、○○くんがこうしたからできない」など、子どもなりの理由が見られます。そのため、その理由を理解するための大人の労力が必要になるかもしれません。言語が発達し、説明できる内容もふえますが、まだ完璧に伝えることはできません。大人が助けることで自分の思いや感情を表現できます。

また、「社会性の敏感期」で友だちとコミュニケーションをとりたい、ママやパパを助けたいという姿も見られるように。自分のことは終わっていなくても、友だちの靴をはかせてあげる、ママの荷物を用意してあげるなど、"だれかのために行動する"ことが多く見られます。それゆえに友だちとのトラブルがふえ、さまざまな感情や思いを経験し、社会性を育むのです。

3才とどう向き合う？ かかわる？

強制せず、子どもの「やりたい」を大切に / **「しかる」を「伝える」に** / **できること、できないことを明確にする** / **言葉でのコミュニケーションを大切にする**

子どもの「やりたい」気持ちを大切に、それがかなう環境やかかわりを引き続き意識。やりたいことがやれると、自信がついたり、自制心が育まれたりします。すると「本当はやりたいけれど、いまは着替えの時間」とコントロールする力につながります。

壊した、こぼしたなど、失敗することも多い時期。危険なことや自他に危害を加えることなど、やってはいけないこと、各家庭で「これはダメ」というルールもあるでしょう。しかし、「しかる」を「伝える」かかわりにして、できることとできないことを明確にすることが大切。責めるのではなく、「どう挽回するか」という具体的な方法を伝えま

す。そうすることで、失敗感をいだかずに、また挑戦する心がもてます。また、やってほしくないことをしたときにも、「こう行動してね」と具体的に伝えることで、子どもは理解できます。このような経験の積み重ねが子どもの心を育み、成長を支えます。

言葉の発達も進むため、子どもが言おうとしていることをまずは聴き、言ったことに言葉を補いながら会話をしましょう。それによって言葉での表現方法を学び、ただ「イヤイヤ」と泣くだけではなく、言葉でのコミュニケーション力を助けることにつながります。

具体的な接し方 & 声かけ Sample

イヤなことがあるとものを投げる

ものを投げることは危険な行為。**「ものは投げないよ」とはっきりと伝えましょう。**このときに、しかる必要はありません。しかると子どもにとって「しかられた」という印象が強くなり、「ものは投げない」という大切なことが伝わりづらくなります。伝えたうえで、どんなイヤな思いがあったのかを**「壊れて悲しかったね」**などと代弁して、言葉でコミュニケーションをとっていきましょう。「そういうときは、悲しいって伝えてね」など、**"このようにするといいよ"**という具体的なコミュニケーション方法を伝えます。

片づけようと言うと「イヤ」と言う

このようなときは**選択肢を示す**のがおすすめ。それでもダメなときには、**「お母さんが棚にしまうね」と大人がやって見せる**のもいいでしょう。子どもは見ていないように見えて、実はよく見ているのです。さらに、この時期は「イヤ」と言いたいだけのこともあります。はじめから、**「こっちを手伝うから、こっちを持ってね」と言い切りで伝える**ときがあって○Kです。

友だちにものを貸してあげられない

すぐに貸せるようにならなくても大丈夫。子どもは、**自分が満足いくまで使う経験を何度もすると、自然と貸すことができるようになります。**もちろん、公共の場などではルールを伝える必要もありますが、**貸す・貸さないを決める権利は子どものもの。**そのため、子どもの思いを尊重するかかわりを大切にします。そのうえで、「使い終わったらどうぞって貸してあげようか」などと提案をしてみます。

ありがちイライラシーン
モンテッソーリ流解決法

こぼす・汚すなど失敗をしたとき

どうリカバリーすればいいか
を伝える

「ちゃんと見てないからでしょ!」などという言葉はとても抽象的で、どうやったら子ども自身で状況を挽回していいかがわかりません。子どもが何か失敗をしたときは、どうリカバリーをすればいいかを教えてあげましょう。たとえば、コップの中身をこぼした場合。「こぼれたのね。この布巾でふいたら大丈夫だよ」「コップはこうやって両手で持つようにしようね」。挽回の仕方を覚えて、元の状態に戻すことができるようになると、子どもは生きる力を身につけていきます。

同じことを何度言っても聞かないとき

発達途中だと思って
くり返し声かけを

「何回言えばわかるの」と言いたくなりますが、いままさに自分をつくっているときであり、環境に適応し、社会のルールを学んでいるところです。具体的なアクションをできるだけ具体的に伝えていきましょう。このときに大事なのは、命令口調をやめて「提案＆お願い」にすること。たとえば、ごはんを食べずに遊んでいる子どもに、「なんでいまは遊んだらいけないんだっけ?」「ごはんはいすにすわって食べるんだったよね」と伝えます。子どもの能力は無限ですが、いまはまだ発達途上にあると理解します。

食事に集中しないとき

子どもが食事に集中できる
環境をつくる

テレビを見てしまったり、おもちゃに気をとられたり、子どもが食事に集中しないときがありますよね。それが、バタバタしがちな朝ごはんなどのシーンでは、特にイライラしてしまうことも……。もし、テレビを見てしまうようならば、食事中はテレビを消す。遊び始めるようならば、おもちゃを見えないところに置く、または、おもちゃが視界に入らない向きにすわらせる。そんなふうに食事に集中できる環境をつくるようにしましょう。そして「次は何を食べる?」と、子どもが自分で選んで決められるようにすることもおすすめです。

「早くして!」と言いたくなるとき

大人もいっしょに行動。
具体的な声かけをして

乳幼児期の間は、まだ抽象的に物事を考えることができません。「早くして」「しっかりして」という表現を理解することができないのです。やってほしいことは具体的に伝えましょう。「もう家を出る時間だから絵本をここにしまおうね」「あと何回で終わりにできる?」「最後のお知らせだよ。もう出る時間だから、玄関で待っているね」。このように、乳幼児期の子どもでもわかるような具体的な声かけをしたり、大人がやって見せたり、いっしょにやったりすることが必要です。

PART 6

こんなとき、どうする？に答えます
1〜3才でかかる
病気とケア

かぜ症候群、インフルエンザ、胃腸炎、
急性中耳炎、便秘、気管支炎、尿路感染症……。
小さい子がかかる代表的な病気の
原因、症状、治療から、気になる心と体の成長と
発達障害、予防接種について解説しました。
いざというとき、知識や情報がきっと助けになります。

監修　渋谷紀子　総合母子保健センター愛育クリニック院長

子ども時代に かかりやすい5大トラブル

かぜ症候群

鼻水、せきなどが症状。 熱は出ないことも

どんな病気?

ウイルスが上気道に感染し、急性の炎症を起こす病気です。原因は、アデノウイルスやライノウイルスなど数百種類あるため、何度もかかります。感染経路は、空気中に飛び散ったウイルスからの飛沫感染です。

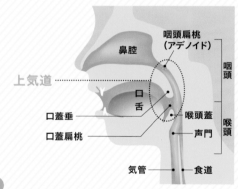

咽頭扁桃
（アデノイド）
鼻腔
上気道
口蓋垂
口蓋扁桃
口
舌
喉頭蓋
声門
気管
食道
咽頭
喉頭

症状

くしゃみ、鼻水、せき、のどの痛みなどで、熱は出る場合と出ない場合の両方です。数日で治りますが、合併症で中耳炎や副鼻腔炎を起こしたり、気管支炎や肺炎になったりすることもあります。

治療

せきや鼻水などを抑える**去痰薬や鎮咳薬**、熱が高いときは**解熱薬**など、症状を抑える薬が処方されます。

ホームケア

麦茶や湯冷まし、果汁、イオン飲料などで**こまめな水分補給**を。**せきがひどいなら、少量ずつ与えましょう。**

インフルエンザ

非常に強い感染力。 家族で予防接種を

どんな病気?

原因はインフルエンザウイルスで、冬〜春先にかけて流行します。毎年、流行するウイルスの種類が変わるうえ、A、B2つの型があるため、何度もかかる可能性があります。非常に感染力が強く、あっという間に広がり、家族も注意しなければいけません。はやり始める前の11月中を目安に、家族みんなで予防接種を受けることをおすすめします。

症状

初期は、せきや鼻水などかぜと似ています。また、**急に高熱が出て、いったん下がっても再び上がる**ことがあります。**頭痛、関節痛、筋肉痛など全身症状**が強く出ることも特徴です。抵抗力が弱い子どもがかかると重症化することがあるので、**予防が大切**です。

治療

抗ウイルス薬の「タミフル」「リレンザ」「イナビル」などを使います。熱は、抗ウイルス薬を使ってもすぐに下がらない場合があります。**熱性けいれんを起こした、呼吸が苦しそう、グッタリしてきたなどの場合は、至急再受診**してください。

ホームケア

高熱が出ているときは、麦茶や湯冷まし、イオン飲料や経口補水液などを**こまめに飲ませて水分補給**を。症状が落ち着くまでの1週間くらいは、**できるだけ静かに過ごしましょう。**

ウイルス性胃腸炎

急な嘔吐や下痢で始まる

どんな病気？

ウイルスに感染して起こる急性の胃腸炎で、「おなかのかぜ」といわれることもあります。原因は、ノロウイルス、ロタウイルス、アデノウイルスなど。どのウイルスも感染力が強いです。

症状

急激な嘔吐や下痢、発熱から始まります。特にうんちは水っぽく、1日10回以上出ることも。ノロウイルスが原因なら、ひどい嘔吐や下痢は1〜2日で落ち着きます。一方、**ロタウイルスは、すっぱいにおいのする白っぽい下痢便**が特徴です。症状はノロウイルスより重く、下痢は1週間ほど続くことがあります。

治療

整腸薬などの対症療法を行います。

ホームケア

激しい下痢や吐きけで水分と電解質が失われます。脱水症予防のため、麦茶や湯冷ましよりも、**電解質を含むイオン飲料や経口補水液**を与えてください。

急性中耳炎

黄色い耳だれが出ることも

どんな病気？

鼓膜の内側が炎症を起こす病気です。肺炎球菌、インフルエンザ菌などによる感染が原因です。かぜなどでのどや鼻の粘膜が弱ったとき、病原体が侵入して発症します。

症状

38度くらいの熱が出ます。炎症が進むと、中耳にウミがたまって鼓膜がはれ、ウミが鼓膜を圧迫して痛みが起こります。痛みのピークには鼓膜が破れ、中耳にたまったウミが耳だれとして出ることも。

治療

鼻水を吸引し、抗菌薬を処方します。ウミがたまって鼓膜のはれがひどい場合や、痛みが強そうな場合は、鼓膜を切開してウミを出します。

ホームケア

痛みが強そうなら、**冷たいタオルなどを耳に当てて冷やし**ます。鼻水は耳鼻科で吸引してもらうか、家で市販の鼻吸い器を使い、こまめに吸いとりましょう。耳だれは中までいじらず、外に出てきたものだけをふきとります。

便秘

生活の見直しや綿棒浣腸を試して

どんな病気？

便が直腸に届くと、その刺激が脳に伝わって便意をもよおします。不規則な生活や食事、ストレスなどが原因で便が出ず、直腸にたまる状態が便秘です。

ホームケア

年齢にもよりますが、うんちが3日出なかったら、便秘と考えましょう。排便リズムは生活リズムに大きく影響されるので、**規則正しい生活**を送り、毎日できるだけ決まった時間に排便するクセをつけましょう。食べ物では、**バナナ、いちご、りんご、さつまいもなどがおすすめ**です。また、綿棒浣腸を試すのも1つの方法です。

綿棒浣腸

綿棒の先端の綿球が、隠れるくらいさし込んで。

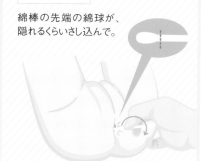

治療

ホームケアを行っても出なかったら、小児科を受診してください。

くり返しかかる可能性も。
うつる病気──感染症

気管支炎
かぜをこじらせる
ケースが多い

どんな病気?

ウイルスによるかぜがこじれて、のどの炎症が気管から気管支に及ぶケースが一般的です。

症状

鼻水、くしゃみ、せきなど、かぜの症状に引き続いて起こることが多いです。特徴は、**38〜39度の高熱**と、ゴホゴホとたんのからんだような湿った重いせきです。せきで苦しい時期は4日間ほどで、1週間ほどすればよくなるでしょう。ただし、もっとも注意が必要なのは、**呼吸状態が悪くなること。呼吸困難を起こし、浅く速い「ゼーゼー」「ハァハァ」という呼吸になったら、急いで受診**してください。

治療

熱やせきがあっても、比較的元気で食欲があれば軽症なので、去痰薬の処方や病院の外来で気管支を広げる薬の吸入などを行います。一方、**呼吸困難の症状があれば、1〜2週間ほど入院**する必要があります。

ホームケア

ウイルスに対する特効薬はないので、安静にします。**じゅうぶんな水分補給**をして、**加湿器などで部屋の湿度を保つ**と、せきのつらさがやわらぎます。また、**たて抱きで背中をトントン**すると、気管からたんがはがれてラクになるでしょう。基本的にせき止め薬は使いませんが、夜も眠れないほどひどい場合は、処方されることもあります。

尿路感染症
尿道に大腸菌などが侵入。
高熱が出る

どんな病気?

尿の通り道に、大腸菌などの細菌が侵入し、炎症を起こす病気。炎症の場所により、腎盂炎、膀胱炎、尿道炎などの病名がつきますが、まとめて尿路感染症と呼びます。

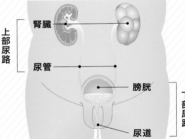

細菌が腎臓などに進むと腎盂炎を起こし、高熱が出ます。

症状

膀胱や尿道などに炎症が起きると、**尿の回数がふえ、排尿時に痛み**ます。炎症が腎盂まで進むと腎盂腎炎になり、38.5度以上の熱が出ることも。腎盂腎炎は早く治療しないと、敗血症になったり腎臓などに障害が出たりする可能性があります。

治療

尿の中の細菌や白血球を調べます。腎盂炎と診断がつけば**原則として入院**となり、**抗菌薬の点滴**をします。

ホームケア

菌を体外へ出すため、**じゅうぶんな水分補給が大切**です。女の子は尿道と肛門が近いため、大腸菌が侵入しないように、普段から、**排便後は後ろに向けてふく**ようにしましょう。

ヘルパンギーナ

のどの奥に水疱ができ、痛みで水分がとりづらい

どんな病気？

コクサッキー A群というウイルスが主な原因ですが、コクサッキー B群やエコーウイルスなどでも起こるので、何度もかかることがあります。感染力が強く、くしゃみやせきなどの飛沫や、うんちなどにふれることでも感染します。

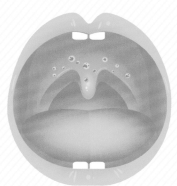

のどの奥に水疱ができて痛みます。

症状

突然の発熱と、**のどの痛**みから始まります。**38〜39度の熱**が出ますが、2〜3日で下がります。熱の上がり始めにけいれんを起こす子もいるので、注意してください。

のどの奥がはれて、**水疱ができる**ことが特徴です。つぶれて潰瘍になると痛みで不機嫌になり、つばを飲み込めず、よだれがたくさん出たり、吐きやすくなったりすることも。水疱は、熱が下がって2日ほどするとなくなります。

治療

熱でつらそうなら、解熱薬が処方されます。解熱薬には鎮痛作用もあるので、その目的で処方される場合もあります。

ホームケア

安静にして過ごしましょう。のどの痛みで水分補給をいやがるので、**つるんとしたゼリーや野菜スープなど、のどごしのよいもの**で工夫してください。

手足口病

手のひら、足裏、口の中に赤いブツブツが

どんな病気？

腸の中にいるコクサッキー Aウイルスや、エンテロウイルス71型などが原因です。原因ウイルスは数種類あり、感染力が強いため、くり返しかかることがあります。飛沫感染のほか、うんちにふれるなどしてうつるケースも。ウイルスの潜伏期間は、3〜6日間です。

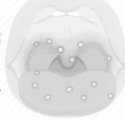

水疱は、手足口のほか、ひじ、おしり、性器の周辺などに出ることも。

症状

手足、口の中、舌などに、周囲が赤くて真ん中が白い、米粒大の水疱ができます。手足の水疱は普通は痛みませんが、ときには**痛みやかゆみ**を訴える子もいます。口の中の水疱は破れてただれ、強い痛みを伴うため、つばを飲み込むのもつらいことが。**熱は1〜2日で下がりますが、39度台の熱が出たり、発疹より熱が先に出たりすることがあります。下痢や嘔吐を伴うことも**あります。

治療

自然に治るのを待ちます。口の中にできた水疱は潰瘍となり、しみて痛みますが、1週間ほどで治るでしょう。

ホームケア

1〜2日間は、口の中の痛みで食欲が落ちます。**口当たりのよいゼリーやプリン、スープなどがおすすめ**で、何回かに分けて、少しずつ与えるのがコツです。痛みが激しいときは水分がとりにくくなるので、脱水症にならないように、**こまめな水分補給**をしてください。

はしか（麻疹）

感染力の強いウイルス。ほおに白いブツブツが

どんな病気？

大変感染力の強い麻疹ウイルスが原因です。せきやくしゃみによる飛沫感染や、空気中をただようウイルスによる空気感染でうつります。潜伏期間は10～12日。生後6カ月以降はママから受け継いだ免疫がなくなるため、ほぼ100％感染します。途上国では毎年、多くの子どもが命を落としている怖い病気です。

症状

38度台の発熱、せき、鼻水、**目やに**といったかぜと似た症状が、3日ほど続きます。その後、ほおの内側にコプリック斑と呼ばれるはしか特有の白いブツブツがあらわれます。発熱から3～4日たつと熱がいったん下がり、**半日～1日後に39度以上の高熱**に。同時に**赤くこまかい発疹**が出始め、**せきや鼻水、目の充血**などもより強くなります。発熱から7～10日目ごろにやっと熱が下がり、全身状態もよくなってきます。

病気自体が重いものですが、怖いのが合併症です。中耳炎、気管支炎、肺炎などのほか、1000人に1～2人は、脳炎を起こします。命が助かっても、重い後遺症が残るケースが少なくありません。合併症を防ぐためにも、**予防接種を受けることが大切**です。親もワクチン未接種なら、親子で積極的に受けましょう。

治療

ウイルスによる病気なので、特効薬はありません。熱でつらいときは解熱薬を使います。抗菌薬を使うこともあります。

ホームケア

安静にして、じゅうぶんに水分補給をします。子どもの体調変化に気をつけながら、慎重に見守ってください。回復しても**1カ月くらいは無理をせず**、静かに過ごします。

おたふくかぜ

耳やあごの下がはれてあごを動かすと痛い

どんな病気？

せきやくしゃみから、ムンプスウイルスに感染して起こります。多く見られるのは、幼児期から学童期にかけてです。一度かかると終生免疫がつくため、二度かかることはめったにありません。

症状

2～3週間の潜伏期間をへて、**耳の下からあごにかけてぷっくりとはれ、少しかたくなります**。はれは、左右もしくは片方にあらわれます。はれている間はあごを動かすだけでも痛いので、食欲が大幅に落ちるでしょう。1～2日目がはれのピークで、1週間ほど続くこともあります。**熱は38～39度くらい出ます**が、2～3日で下がるのが一般的です。

耳の下、ほお、あごの下がはれます。

治療

症状をやわらげる対症療法が基本です。高熱や、はれの痛みがつらそうなら、解熱薬が処方されます。

ホームケア

食べ物を飲み込むのがつらいときは、**のどごしのよいゼリーやスープなど**がおすすめで、すっぱいものは避けます。保育園や幼稚園は**登園停止**なので、家で静かに過ごしてください。

クループ症候群（急性喉頭炎）

「ケーン」「オウッ」など 犬の鳴き声のようなせきが

どんな病気？

のどに炎症が起こる病気です。パラインフルエンザウイルスやアデノウイルスが、原因だといわれています。

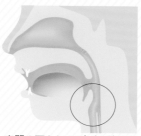

声門の下あたりに炎症が起こるので、声がかすれたり、特徴的なせきが出たりします。

症状

のどが赤くなって、水分やよだれを飲み込むのも痛いため、食欲が落ちます。熱は高めに出ることが多いですが、発熱しないこともあります。**息を吸うときに「ゼーゼー」と喘鳴**がしたり、声がかすれたりすることも。また、特徴的なのは、**「ケーンケーン」「オウッオウッ」**という、犬の遠吠えやアザラシの鳴き声のようなせきです。

治療

特徴的なせきが出たら、早めに小児科を受診してください。スマホで動画撮影して医師に見せると、診断に役立ちます。病院では、呼吸のチェックや、のどのむくみをやわらげる薬の吸入をします。炎症をしずめるステロイド薬を使ったり、湿気を吸入したりすることも。2才以下で症状が重い場合は、入院して酸素吸入などをすることもあります。

ホームケア

せきでつらいので、**じゅうぶんな水分補給をしてく**ださい。**加湿器などで加湿**すると、せきがやわらぎます。せきで苦しそうなときは、たて抱きをしてあげましょう。

水ぼうそう

かゆみの強い 赤い発疹が全身に

どんな病気？

水痘帯状疱疹ウイルスに感染して起こります。くしゃみやせきによる飛沫感染や、空中にただようウイルスでの空気感染でうつり、大変感染力の強い病気です。10〜21日の潜伏期間ののちに、発病します。

新しくできた赤い発疹と、水疱、かさぶたが混在します。

症状

微熱程度の熱と、赤い発疹が出ます。発疹は短時間で水疱になり、2〜3日で全身に広がります。頭皮や口の中にもできることがあり、**非常にかゆみが強い**です。熱は2〜3日で下がることが多く、水疱はやがてかさぶたになり、1〜2週間できれいになります。

治療

発症後2日以内なら、**抗ウイルス薬を飲めば、発疹や発熱などの症状が軽く**なります。水疱のかゆみ止めには、塗り薬が処方されます。また、水ぼうそうの患者と接触して72時間以内にワクチンを打てば、発症を防げる可能性があります。

ホームケア

発疹はかゆみが強いので、かきこわすと化膿してあとが残ることが。つめは短く切っておきましょう。

肺炎
<small>はいえん</small>

ウイルス性や細菌性がある。呼吸状態が悪ければ入院

どんな病気？

ウイルス、細菌、マイコプラズマなど、さまざまな原因があります。かぜ症候群を引き起こすウイルス、インフルエンザウイルス、パラインフルエンザウイルス、アデノウイルス、肺炎球菌、インフルエンザ菌b型（ヒブ）、黄色ブドウ球菌などです。

ウイルス性には、たんを切る薬、気管支を広げる薬を使うことが。

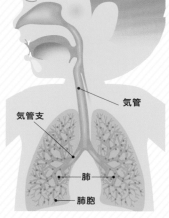

気管
気管支
肺
肺胞

症状

肺炎はかぜの症状に続いて起こることが多く、特徴的なのは**38〜40度の高熱とせき**です。せきはしだいにたんがからんだような、湿った重いせきに変化します。また、呼吸状態には注意が必要です。年齢が低いほど呼吸困難を起こしやすく、**粘りのあるたんで気道が詰まり**、「無気肺」になることがあります。

治療

ウイルス性なら、去痰薬を飲むなど対症療法をしながら、自然に治るのを待ちます。**呼吸状態が悪ければ、入院**します。細菌性の肺炎は抗菌薬を使います。

ホームケア

じゅうぶんな水分補給をしたうえで、室内の湿度を適度に保ちます。**呼吸困難や脱水症のサイン**があるときは、**急いで受診**してください。

風疹
<small>ふうしん</small>

高熱と赤い発疹が全身に。妊婦は特に注意を

どんな病気？

風疹ウイルスが原因です。俗に「三日ばしか」と呼ばれるように、はしかを軽くしたような症状が出ます。せきやくしゃみによって飛沫感染し、春〜初夏にかけてはやります。感染しても症状が出ないことがありますが、検査をすれば、かかったかどうか、抗体の有無がわかります。子どもにとっては比較的軽い病気です。

ただし、妊婦は注意してください。風疹抗体のない妊婦が妊娠初期に感染すると、先天性風疹症候群（CRS）といって、難聴、白内障、緑内障、先天性心疾患などの障害をもった赤ちゃんが生まれることがあります。リスクは、妊娠週数によって違います。

こうした心配をしないためにも、子どもが1才になったら風疹と麻疹混合のMRワクチンを受けることが大切です。両親も抗体がなければ、接種をおすすめします。

症状

潜伏期間は2〜3週間で、37〜38度の微熱もしくは、発熱しないこともあります。**発熱と同時に、全身に赤くこまかい発疹**が出ます。発熱の数日前に、**耳の後ろのリンパ節がはれます**が、実際には発疹が出てから気づくことが多いです。発疹は2日ほどで自然に消え、熱も3〜4日で下がります。まれに、血小板減少性紫斑病や脳炎などの合併症を引き起こすことがあります。

治療

ウイルスによる病気は特効薬がないので、特別な治療はしません。受診してはしかや突発性発疹との区別をつけるとともに、**合併症の有無をチェック**します。

ホームケア

安静に過ごしましょう。

百日ぜき
（ひゃくにち）

「コンコンヒューッ」という 特有のせきが約3カ月続く

どんな病気？

百日ぜき菌の飛沫感染でうつります。麻疹ウイルスに次いで感染力が強いので、免疫がなければ、ほぼ100％感染します。ママからの免疫は期待できないので、新生児でもかかります。独特のせきの症状が文字どおり3カ月近く続くため、つらい病気です。

症状

最初の1～2週間は、**せき、鼻水、くしゃみなどかぜに似た症状**です。せきがだんだん激しくなり、2～4週間たつと、特有のせきに変わります。**「コンコン」という短いせき込み**が10数回続き、最後に「ヒューッ」と音を立てて息を吸い込む、非常に苦しそうなせきです。四種混合ワクチンで予防ができるので、接種の時期になったら早めに打ちましょう。

治療

抗菌薬を使うと、症状を軽くするだけでなく、感染力を弱めることもできます。しかし、症状が進むと抗菌薬だけでせきを抑えられなくなり、**入院することも。**

ホームケア

せきがひどいときは、**水分補給でラク**になります。一度にたくさん飲ませるとせき込んで吐いてしまいがちなので、スプーンなどで**少しずつ何回かに分けて与える**とよいでしょう。

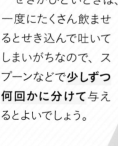

咽頭結膜熱
（いんとうけつまくねつ）
（プール熱）
（ねつ）

高熱が続き のどがはれて痛い

どんな病気？

初夏から秋口にかけて流行しやすいものの、一年中見られる病気。アデノウイルスが原因です。5才以下の乳幼児が多くかかりますが、年長児や大人にも感染します。感染経路はせきやくしゃみのほか、感染した子どもの使ったタオル、うんちを始末したあとの大人の手指などです。

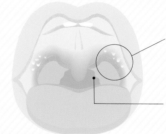

のどの両サイドが赤くなり、白っぽい分泌物が出ます。

のどの奥がでこぼこして見えることも。

症状

高熱が続く、のどがはれて痛む、白目やまぶたの裏側が赤くなり目やにが出るなど。

治療

ウイルスが原因なので、抗菌薬は使いません。熱でつらいときは解熱薬が、結膜炎には点眼薬が処方されるなど、つらい症状をやわらげる対症療法になります。

ホームケア

水分補給をしながら、静かに休ませます。 のどが痛むので、**食べ物はひんやりしたゼリーやスープなど、** のどごしのよいものを与えてください。アデノウイルスは感染力が非常に強いので、ほかの家族にうつさないように注意しましょう。

結核
けっかく

過去の病気ではない。家族も気をつけて

どんな病気?

結核菌に感染して起こる病気です。結核患者のせきや、飛沫の中にいる結核菌を吸い込むことで感染します。家族に感染者がいれば、家族からうつることが多いです。結核にはさまざまなタイプがありますが、幼児がいちばんかかりやすいのは肺門リンパ節結核で、肺の入り口のリンパ節がはれるのが特徴です。結核は過去の病気と思われがちですが、毎年2000人近くがいまでも命を落としています。

症状

発熱、せき、ゼロゼロ、食欲不振、顔色が悪いといった様子が見られたら要注意です。そのままにしておくと重症になるので、**早めに受診してください。**

治療

抗結核薬などを飲みます。結核は怖い病気だと思われていますが、現在ではさまざまな薬が開発されており、発病しても早期治療でほとんどが治ります。

ホームケア

結核予防のために、**BCGの予防接種を受ける**ことが何よりも大切です。発病のリスクを減らすだけでなく、重症化の予防にも役立ちます。

髄膜炎・脳炎
ずいまくえん・のうえん

ヒブや肺炎球菌ワクチンで予防することが大切

どんな病気?

●心配の少ない無菌性(ウイルス性)髄膜炎

髄膜炎は、脳や脊髄の表面をおおっている髄膜に炎症が起こる病気です。ウイルス感染で起こるのが無菌性(ウイルス性)髄膜炎で、原因はムンプスウイルス、エンテロウイルスなどです。症状は、高熱、頭痛、嘔吐をくり返すなど。また、首の後ろが硬直するため、だっこをすると痛いのでいやがったりします。

●重症化しやすい細菌性髄膜炎

髄膜に細菌が侵入して、炎症を起こす病気です。幼児に多い原因菌は、B群溶血性レンサ球菌、大腸菌、インフルエンザ菌b型(ヒブ)、肺炎球菌などです。症状は無菌性(ウイルス性)と同じですが、はるかに重症で、脳圧が上がり大泉門がはれ、けいれんや意識障害を起こすこともあります。

●脳炎

ウイルス感染で、脳に炎症が起こる病気です。症状は髄膜炎とほぼ同じですが、脳神経にダメージを与えるので、後遺症を残すことが多いです。単純ヘルペスウイルス、風疹、はしか、水ぼうそう、おたふくかぜのウイルスは、合併症として脳炎を起こすことがあります。

治療

ウイルス性髄膜炎は、特別な治療をしなくても自然に治り、後遺症もほとんどありません。必要なら解熱薬や鎮痛薬など症状に応じた治療を行います。**細菌性髄膜炎は、入院して抗菌薬による点滴治療を2週間～1カ月ほど続けます。**脳炎も入院して、全身管理および脳のむくみをとったり、けいれんに対処したりする治療が必要です。細菌性髄膜炎を予防するために、インフルエンザ菌b型(ヒブ)と肺炎球菌の予防接種を受けましょう。

おむつ替えや入浴時に「アレッ？」
性器の病気

亀頭包皮炎（きとうほうひえん）

先が赤くはれて
黄色っぽいウミが出る

どんな病気？

おちんちんの先を亀頭といいますが、そこに細菌が感染して炎症を起こす病気です。子どもが汚れた手でおちんちんをさわって感染することがあるので、汚れた手でさわらないように教えてあげてください。

症状

おちんちん全体がはれたり、亀頭部や根元部分だけが赤くはれたりします。**おしっこをするとしみて痛む**でしょう。おむつやパンツに黄色っぽいウミがつき、おちんちんをしぼるとクリーム状のアカが出ることもあります。

おちんちんの先が、赤くはれます。

治療

炎症を起こしている部分に、抗菌薬の軟膏を塗ります。

ホームケア

治療しても、アカがたまれば再発しやすいので、**清潔を心がけます。お風呂のときに、包皮をむいて亀頭を出し、そっと洗ってあげましょう。**

外陰部腟炎（がいいんぶちつえん）

外陰部や腟の周りが
赤くはれる

どんな病気？

外陰部から腟にかけて、細菌が感染する病気です。女の子の性器は汚れがたまりやすいうえ、おむつや下着の中は、いつも湿っています。そこにブドウ球菌や大腸菌が繁殖して、炎症を起こすことが原因です。

症状

外陰部や腟周辺が、赤くはれます。おりものが、黄色や赤みを帯びたり、においが出たりすることもあります。

外陰部が、全体的に真っ赤にはれます。

治療

外陰部を清潔にして、抗菌薬の軟膏を塗ります。

ホームケア

普段から、**外陰部を清潔にする**ことが大切です。お風呂に入ったとき、ていねいに洗ってあげてください。**おしっこやうんちは前から後ろにふき、**細菌が侵入しないようにします。おむつがとれたら、本人にも教えましょう。

いざというとき適切な対応を。

事故予防と救急ケア

転倒・転落
子どもは頭が重く転びやすい

幼児は、頭が重くバランスが悪いため、よく転んだり、段差から落ちたりします。「危ない！」と思ってから事故が起こるまでの時間は、わずか0.5秒ほど。助けようとしても、間に合わないこともあるでしょう。家の中に危険がないかを見直して、なんらかの対策を立てることが大切です。

ケア

泣いたあとにケロッとしている、こぶや打ち身以外に変化がないときは様子を見ます。**機嫌が悪い、顔色が悪い、いつもと違うと感じたら病院へ。意識がない、顔色が悪くぐったりしている、くり返し吐く、けいれんを起こしている、耳や鼻から血や液体が出ている、呼吸がおかしい、目の動きがおかしい、頭が陥没しているなら、大至急受診を。**

予防のポイント

- [ ] テーブルなど家具の角に保護カバーをつける
- [ ] すべり防止のため、室内ははだしで過ごす
- [ ] 敷物にはすべり止めをつける
- [ ] 歯ブラシなどの棒状のものを持ったまま歩かせない
- [ ] ソファなど高さのあるところに、一時的でも寝かせない
- [ ] 危険だと思う場所へ柵を設置する

水の事故
お風呂やビニールプールは、目を離さないで

2才未満の溺死事故は、約8割が浴槽で起こっています。多くは、**親がシャンプー中**という事例です。また、**ビニールプールも要注意**。子どもは転びやすく、すぐに立ち上がることができません。子どもが溺れるときは騒ぐと思いがちですが、声や音を出さず静かに溺れることも。水深10cmでも溺れるので、自宅でプール遊びをするときは、浅いから大丈夫と油断しないでください。

ケア

溺れても泣いたあとケロッとしているときや、いつもとくらべて変化がないときは、様子を見ます。機嫌が悪い、顔色が悪い、なんとなくいつもと様子が違う、水をたくさん飲んだときは病院へ。**意識がない、呼びかけても反応がない、顔色が悪くぐったりしている、呼吸がおかしい、脈はあるが呼吸をしていないときは、大至急受診**しましょう。

予防のポイント

- [ ] 入浴時、子どもは「あと入れ・先出し」
- [ ] 子どもを浴槽内でひとりにしない
- [ ] 入浴中、きょうだいに下の子の監視をさせない
- [ ] だれもいないお風呂場のドアは、子どもがあけないようにカギをかける
- [ ] ビニールプールでは、腕が届く範囲で子どもを見守る
- [ ] 浴槽やビニールプールの使用後は、お湯・水を抜く

やけど　家電からふき出す蒸気や低温やけども危険

熱いスープなどをひっくり返して、顔、胸、おなかまで浴びたり、電器ポットや加湿器の蒸気をさわったりするなどして、やけどをすることがあります。子どもの皮膚は薄いので、大人にくらべてやけどが深くなりがち。また、ホットカーペットの上や湯たんぽのそばで昼寝などをさせるときには、低温やけどにも気をつけましょう。

ケア

やけどの範囲が1円玉大以下で、うっすらと赤くなった程度なら、流水や冷たいタオルで20分以上冷やします。**やけどの範囲が手のひら大以上**、または**低温やけどをした範囲に、水ぶくれができた、皮膚が白や黒に変色したときは受診**してください。やけどの範囲が、**腕や片足など体の一部、広範囲にわたり皮膚が黒っぽくなっているときは、大至急病院へ。**

予防のポイント

- [ ] 子どもをだっこしたまま、飲食しない
- [ ] 電気ケトルや炊飯器など、蒸気を出す家電は床に近いところに置かない
- [ ] テーブルクロスを使わない
- [ ] なべ料理や焼き肉は食卓でとり分けない
- [ ] ホットカーペットの上や湯たんぽのそばで長時間寝かせない
- [ ] 危険だと思う場所へ柵を設置する

閉めきった室内や車内での　熱中症　夏の車内は15分で50度絶対に置き去りにしないで

炎天下や高い気温にさらされると、体温調節機能が働かなくなり、体にこもった熱をうまく調節できなくなります。その結果、**体温が異常に上がって脱水症状を引き起こすのが熱中症です。重症の場合、命にかかわります。**屋外だけでなく、エアコンの効いていない、閉めきった室内や車内は大変危険です。特に夏の車内は、15分で50度もの暑さに。**短時間でも、子どもを車内へ置き去りにしてはいけません。**

ケア

熱中症のサインは、抱くと体が熱くてぐったりしていることです。急いで風通しのよい日陰や、冷房の効いた涼しい場所へ連れていきます。**衣服をゆるめ、頭を低くして寝かせて。**冷たいタオルや保冷剤をハンカチなどに包んで、**首筋、わきの下、足のつけ根などに当て、体温を下げます。水分を少しずつじゅうぶん与えましょう。**イオン飲料や経口補水液がおすすめです。

予防のポイント

- [ ] 気温と湿度をこまめに確認し、暑さ指数や熱中症警戒アラートも参考に
- [ ] エアコンや扇風機を適切に使う
- [ ] こまめに水分補給をする
- [ ] 短時間でも車内は子どもだけにしない。おろし忘れにも気をつけて

気になる心と体の成長
「発達障害かな?」と思ったら

育て方のせいではない

発達障害には、いくつかの種類があります。いずれも脳の機能になんらかの先天的な不全があることが原因であり、**親の育て方や本人の性格の問題ではありません。**何かに強いこだわりがある、人とうまくかかわれないといった特性をもつことが多く、居場所のなさや生きづらさを感じることがあります。

発達障害は、根本的に「治す」ことはできません。親は子どもの気質や特性を受けとめ、生きづらさを軽くできるように、**早期に発見し適切な働きかけを**しましょう。

根気よく少しずつ教える

発達障害の子どもは、社会の中で「不適切」とされる行動をとりがちです。適切な行動へ導くポイントは、「**普通の子育てにくらべて5倍根気よく、スモールステップでしつけを行う**」ことです。少しがんばったらできるレベルのことを目標に、具体的に何をすればよいかを教え、それができたらほめることをくり返してください。たくさんのことを教えようと欲ばらず、**社会で生きていくために必要なことを時間をかけて根気よく伝えましょう。そんな親の姿勢があれば、子どもはのびのびと成長できます。**

こんな接し方をしよう

スモールステップを心がけて

歩きたくないと大泣きしたら、「10歩だっこするから5歩は歩こう」などと提案を。

変化や新しいことは前もって伝える

変化に不安を感じるので、「あしたこの人が来るよ」と写真を見せるなど、前もって伝えます。

伝えたいことをわかりやすく

感情的にならず、落ち着いて伝えます。話は1つにしぼり、一度にたくさん伝えないで。

善悪の基準をブレさせない

以前ダメだったことがきょうはOKとなると、混乱します。親の気分で善悪を変えないで。

ADHD（注意欠如／多動症）

飽きっぽい、じっとしていられない、がまんできないなどが大きな特徴。乳幼児期は、幼いからと見過ごされがち。しかし成長するにつれて、落ち着きのなさや衝動性が目立つようになり、気づかれることが多い。

自閉スペクトラム症

表情が乏しくあまり笑わない、話しかけても目が合わない、ものを並べるといった決まった遊びを飽きずに続けるなど、コミュニケーションがとりにくい、こだわりが強い、感覚が過敏といった特徴もあり、集団からはずれやすい。

コミュニケーション症

言葉の遅れが目立つ、発音がわかりにくい、音節をくり返すなど、スムーズに話せない。あいさつを返せない、相手に合わせて話し方を変えられない、冗談や皮肉が理解できないなど、社会的なコミュニケーションがとれない。

LD（限局性学習症）

読み、書き、算数などの学習能力の一部が困難で、小学校から目立ってくる。すべてができないわけではないので、理解されにくく、努力が足りないと見られることも。ADHDと重なっている場合もある。

知的能力障害

考える力、解決する力、経験から学習する力などの知的な力が弱いため、環境に適応できない。歩く、走るなどの運動面、食事や排泄などの生活面など、発達全体に遅れが見られる。専門の支援や療育が必要。

運動症

ボタンがかけられない、ハサミがうまく使えないなど、手先の不器用さが目立つ。ボールがけれない、なわ跳びや鉄棒ができないなど、目立って運動が苦手。意味のない反復運動をくり返したり、チックが見られたりすることも。

さまざまな相談先

発達障害かもしれないと思ったら、ひとりで悩まずに専門機関に相談しましょう。1カ所に決める必要はなく、「ここなら安心して相談できる」というところが見つかるまで、多くの場所へ足を運んでみてください。

- 保健所、保健センター、健康サポートセンター
- 子ども家庭支援センター、子育て相談センター
- 幼児教育支援センター
- 地域の療育センター、民間の療育機関
- 児童相談所
- 教育相談機関
- 発達障害者支援センター
- 医療機関の小児神経科や児童精神科

すこやかな成長のために
予防接種を受けましょう

6才までに受けておきたい

子どもがかかりやすい病気の中には、症状が重くなって深刻な後遺症を残したり、命にかかわったりするものがあります。予防接種の目的は、こうした病気の感染予防と、たとえかかっても軽くすむようにすることです。**病原体の毒性を弱めたりなくしたりした状態のワクチンを体内に入れ、病気に軽くかかった状態をつくり、抗体を体の中につくるのが、予防接種の仕組み**です。

6才までの子どもが受けておきたい予防接種と受ける回数は、表に示すとおりです。いまはかかる人がほとんどいない病気もありますが、それは、予防接種を受けて発生が抑えられているから。病原体自体がなくなっているわけではないので、予防接種を受けない人がふえると、その病気がまた流行する可能性があります。**予防接種は、子どもを守るだけでなく、社会全体の人々も守っている**のです。任意接種も、基本的にはすべて受けるようにしてください。

Q 接種数日前に、下痢や発熱があっても受けられる?

A 発熱の場合、原因は何か、発熱時の様子はどうだったか、流行している病気があるかなどを考慮して、医師が判断します。下痢の場合は症状が軽く熱もないなら、接種しても問題ありません。ただし、ロタウイルスの予防接種は見合わせることも。

Q スケジュールどおりにいかなかった。何を優先すべき?

A 集団接種を受けそびれたときは、次回の日程を確認してスケジュールを組み直してください。個別接種の場合は、ヒブ、肺炎球菌など、かかったら重症化しやすい病気の予防接種を優先的に。迷ったときは、かかりつけ医に相談しましょう。

Q 複数回受けるワクチンを、途中でやめてもいい?

A 規定回数を受けてはじめて、病気の予防に必要な抗体ができます。1回でも受ければ多少効果があるのではと思われがちですが、規定回数に満たなければ、確実な効果は期待できません。多少時間があいても、決められた回数を受けることが大切です。

Q 卵アレルギーがあると、受けられないワクチンがある?

A インフルエンザワクチンは、ウイルスを培養するときに鶏卵を使います。とはいえ、精製するときに卵の成分はほとんど除かれるので、ほとんどの場合受けても大丈夫です。心配ならかかりつけ医に相談しましょう。

予防接種の受け方

① 接種日を決める

健診のときなどに、受けたいワクチンと時期をかかりつけ医に伝え、スケジュールを相談します。集団接種は、事前にお知らせがあります。

② ワクチンの内容を理解する

ワクチンの説明や接種時の注意書きを読み、不明点は保健センターなどで確認しましょう。

③ 当日は事前に予診票に記入し、体調チェック

予診票は、家で前もって記入しておきます。子どもに体調不良がないか、よく見ておいて。

④ 会場で検温と問診

受付のあと検温を行い、37.4度以下なら問診へ。37.5度以上なら医師に相談してください。予診票を参考に、接種できるかを医師が判断します。

⑤ 接種

問診で問題がなければ、接種をします。ほとんどは注射ですが、BCGは腕にスタンプを押しつけ、ロタウイルスはワクチン液を飲み込ませます。

⑥ 接種会場でしばらく様子を見る

急な副反応に備えるため、接種後は30分ほど会場で過ごすように言われます。

帰宅後 いつもどおりの生活でOK。お風呂も入れますが、激しい運動は避け、ゆっくり過ごします。母子健康手帳で、次の接種予定を確認しましょう。

定期接種

インフルエンザ菌b型（ヒブ）	3回＋追加1回
肺炎球菌	3回＋追加1回
B型肝炎	3回
四種混合	3回＋追加1回
BCG	1回
MR（麻疹風疹混合）	2回
水ぼうそう	2回
日本脳炎	4回
ロタウイルス	2〜3回

任意接種

おたふくかぜ	1〜2回
インフルエンザ	毎年2回

監修　宮里暁美　みやさと あけみ

お茶の水女子大学特任教授
文京区立お茶の水女子大学こども園運営アドバイザー
国公立幼稚園教諭、こども園園長、お茶の水女子大学教授を経て、2021年4月より現職。子どものそばで過ごしながら、子どもが育つことの意味や大人の在り方について思いをめぐらしている。「子育て応援団」として子育て歳時記や子育て相談のメッセージを発信中。

テーマ監修

プロローグ

土谷みち子	NPO法人こどもと未来－おひさまでたよー理事長

PART 1

久保健太	大妻女子大学家政学部専任講師
私市和子	NPO法人ふれあいの家－おばちゃんち子育て広場
植松紀子	臨床心理士
菅原ますみ	白百合女子大学人間総合学部発達心理学科教授

PART 2

上田玲子	白梅学園大学・短期大学非常勤講師 博士（栄養学）・管理栄養士
ほりえさわこ	料理研究家、栄養士
牧野直子	料理研究家、管理栄養士
吉永麻衣子	料理研究家
米山万里枝	東京医療保健大学医療保健学部看護学科教授

PART 3

神山　潤	公益社団法人地域医療振興協会東京ベイ・浦安市川医療センター管理者
成田奈緒子	文教大学教育学部特別支援教育専修教授、小児科専門医
野井真吾	日本体育大学体育学部教授、体育学部長
汐見稔幸	東京大学名誉教授、白梅学園大学名誉学長
山﨑洋実	コーチング講師
さわださちこ	こどもの本コーディネーター

PART 4

和田智代	おむつなし育児研究所所長

PART 5

倉治ななえ	テクノポートデンタルクリニック院長
大野粛英	大野矯正クリニック理事長
迫田圭子	社会福祉法人Cha Cha Children & Co. 理事
七海　陽	相模女子大学子ども教育学科准教授
浜　由起子	日本橋はま眼科クリニック院長
成田奈緒子	文教大学教育学部特別支援教育専修教授、小児科専門医
あきえ	国際モンテッソーリ協会（AMI）教師

PART 6

渋谷紀子	総合母子保健センター愛育クリニック院長

STAFF

装丁／川村哲司（atmosphere ltd.）
装画／100% ORANGE
本文デザイン／今井悦子（MET）
本文イラスト／aque、阿部由起子、あらいぴろよ、安藤尚美、植木美江、おのでらえいこ、北森千佳、シママスミ、すぎうらゆう、そら、たかいよしかず、たけのこスカーフ、長岡伸行、花くまゆうさく、藤井昌子、藤本恵、古谷真澄、三木謙次、むらたさき、モリナオミ、りかちゃん

撮影／主婦の友社写真課、廣江雅美
取材協力／石松亨介さん、祐子さん、青くん（5才）、佳くん（3才）武藤美保さん、すずちゃん（1才10カ月）

構成・文／本間綾　宇田川葉子　漆原泉　内藤綾子
編集担当／平野麻衣子（主婦の友社）

本書は主婦の友社の育児誌『Baby-mo』掲載記事、『イヤイヤ期Baby-mo』『GO！GO！トイレトレーニング』『親子のきずなが深まる おむつなし育児』『しつけの不安と気がかりオール解消バイブル』『子どもにいいこと大全』『エール イヤイヤ期のママへ』に新規取材を加えて編集いたしました。
監修者ならびにモデルになってくださった皆さま、取材スタッフに心からお礼申し上げます。

はじめてママ&パパの 1・2・3才 イヤイヤ期の育児

2023年3月31日　第1刷発行
2024年3月10日　第3刷発行

編　者　主婦の友社
発行者　平野健一
発行所　株式会社主婦の友社
　　　　〒141-0021東京都品川区上大崎3-1-1目黒セントラルスクエア
　　　　電話　03-5280-7537（内容・不良品等のお問い合わせ）
　　　　　　　049-259-1236（販売）
印刷所　大日本印刷株式会社

©Shufunotomo Co., Ltd. 2023　Printed in Japan
ISBN978-4-07-453003-8

■本のご注文は、お近くの書店または主婦の友社コールセンター（電話 0120-916-892）まで。
＊お問い合わせ受付時間 月～金（祝日を除く）10:00 ～ 16:00
＊個人のお客さまからのよくある質問のご案内 https://shufunotomo.co.jp/faq/